Heidi Affolter-Eijsten
Der angekündigte Femizid und die Schuld des Psychiaters

Heidi Affolter-Eijsten

Der angekündigte Femizid und die Schuld des Psychiaters

Der Fall Jan Milosz

EDITION **KÖNIGSTUHL**

Impressum

© 2024 Edition Königstuhl, St. Gallenkappel

Alle Rechte vorbehalten.

Kein Teil dieses Buches darf ohne schriftliche Genehmigung des Verlags reproduziert werden, insbesondere nicht als Nachdruck in Zeitschriften oder Zeitungen, im öffentlichen Vortrag, für Verfilmungen oder Dramatisierungen, als Übertragung durch Rundfunk oder Fernsehen oder in anderen elektronischen Formaten. Dies gilt auch für einzelne Bilder oder Textteile.

Bild Umschlag:	vampy1 / depositphotos.com
Gestaltung und Satz:	Stephan Cuber, diaphan gestaltung, Bern
Lektorat:	Janez Spendov
Druck und Einband:	CPI books GmbH, Ulm
Verwendete Schriften:	Adobe Garamond Pro, Akrobat

ISBN 978-3-907339-91-6

Printed in Germany

www.editionkoenigstuhl.com

*Die Gewaltsamkeit der Liebe ist ebenso zu fürchten
wie die des Hasses.*

Henry David Thoreau (1817–1862),
amerikanischer Schriftsteller

Inhalt

Prolog 9

Kapitel 1	Acht Monate zuvor: Die unerwünschte Psychiaterin	11
Kapital 2	Anna Berger Contis Zorn	17
Kapitel 3	Gespräch unter Kollegen	21
Kapitel 4	Jahre zuvor: Die Geschichte von Olga Simic	25
Kapitel 5	Professor Krauthammers Wut	30
Kapitel 6	Ein neuer Klient	35
Kapitel 7	Das Gespräch mit Dr. Milosz	40
Kapitel 8	Annas Gedanken	44
Kapitel 9	Die zweite Einvernahme von Dr. Milosz	48
Kapitel 10	Der verschwundene Klient	57
Kapitel 11	Trügerische Ruhe	61
Kapitel 12	Wolken am Horizont	66
Kapitel 13	Stalking	69
Kapitel 14	Rechtsanwalt Levi und sein Klient	74
Kapitel 15	Ein harmonischer Abend	79
Kapitel 16	Rechtsanwalt Levis Tod	81
Kapitel 17	Annas Gespräch mit Staatsanwalt Fried	87
Kapitel 18	In der Pathologie	92
Kapitel 19	Die Beerdigung von Daniel Levi	97
Kapitel 20	Helene Dupont	102
Kapitel 21	Wie konnte das geschehen?	110
Kapitel 22	Wachtmeister Sobic' Bericht	116
Kapitel 23	Frau Dr. Kern	123
Kapitel 24	Gespräch mit Anna	127

Kapitel 25	Zurück zum Anfang	132
Kapitel 26	Anna und der Journalist	139
Kapitel 27	Ein Abend in Thalwil	143
Kapitel 28	Verdächtige	146
Kapitel 29	Pfarrer Huldrych Morger	150
Kapitel 30	Ein seltsamer Besuch	156
Kapitel 31	Miroslav Simic	160
Kapitel 32	Anna und Marco Levi	164
Kapitel 33	Die Medien	169
Kapitel 34	Wo ist Anna?	173
Kapitel 35	Der Unfall	176
Kapitel 36	Flavio	180
Kapitel 37	Noch eine Leiche	185
Kapitel 38	Flavios Angst	188
Kapitel 39	Staatsanwalt Frieds Schock	192
Kapitel 40	Staatsanwältin Dupont trauert	195
Kapitel 41	Sobic berichtet	198
Kapitel 42	Mirjam	201
Kapitel 43	Sandra	205
Kapitel 44	Sonja Berger	208
Kapitel 45	Professor Münster instruiert	211
Kapitel 46	Frühstücksgespräch mit Galgenhumor	216
Kapitel 47	Im Dunkeln ein Licht	219
	Epilog	221
	Personenregister	223

Prolog

Dunkelheit, tiefe Dunkelheit. Nur ab und zu schwebt ein Erinnerungsfetzen durch das Dunkel. Sie kann die Fetzen nicht fassen, noch nicht mal erkennen, was drauf ist. Ihre Atmung wird unruhiger. Sie versucht gegen dieses Dunkel zu kämpfen. Dann vernimmt sie Stimmen. Eine Stimme kennt sie, kennt sie sogar gut, die andere kennt sie nicht. Sie kann nicht verstehen, was die Stimmen sagen, ebenso wie die Erinnerungsfetzen entgleiten ihr die Worte. Sie kann nichts aufnehmen. Die eine Stimme, die bekannte und irgendwie vertraute, klingt traurig, beunruhigt, ja fast verzweifelt. Die andere Stimme ist ruhig, gar beruhigend. Anna will etwas sagen, aber sie kann nicht sprechen. Sie kann kaum denken. Sie kann nicht aufnehmen. Sie kann nicht sehen: Wo ist sie bloss? Wo sind die Stimmen? Was ist geschehen? Schliesslich sinkt Anna wieder ins tiefe undurchdringliche Dunkel zurück. Eine einsame Träne rollt über ihre fahlblasse Wange.

Neben dem Bett in der Intensivstation des Universitätsspitals Zürich stehen Flavio Conti und Professor Münster, Chef der Neurologie. Flavio ist verzweifelt. «Herr Professor, da ist doch eben gerade was passiert, sie hat sich bewegt, sie hat unruhig geatmet und haben Sie die Träne gesehen. Steigt sie jetzt nicht aus dem Koma auf?» «Vielleicht würde sie das, aber wir lassen sie nicht. Wir müssen Ihre Frau noch längere Zeit im Koma behalten, sicher solange das Ödem im Gehirn nicht abgeschwollen ist. Nur so hat sie eine Chance. Sehen Sie das

Koma als eine hochnotwendige Heilungsphase an. Zudem wissen wir nicht, was ihr Unterbewusstsein wahrnimmt und was nicht. Hin und wieder erzählen Komapatienten, die aufgewacht sind, von Geräuschen und Worten, die sie gehört haben. Sicher ist es nicht. Sie erzählen auch von Gefühlen und Träumen, auch wenn sie völlig leblos wirken, sind sie es doch nicht. Darum passen wir auf, was wir in Gegenwart von Komapatienten besprechen.»

«Merkt sie überhaupt, wenn jemand bei ihr ist?» «Beweise gibt es nicht, aber ich bin sicher, dass sie es merkt. Es ist gut, wenn in der kommenden Zeit immer jemand bei ihr sein wird, und bleiben Sie nicht still am Bett sitzen, reden Sie mit der Komapatientin, lesen Sie ihr vor, singen Sie ihr was vor. Halten Sie ihre Hand, streicheln Sie sie. Geben Sie ihr alles, was ihr Geborgenheit geben könnte. Das ist das Einzige, was Sie tun können. Und lassen Sie sich ab und zu ablösen, denn die Begleitung eines Komapatienten ist eine enorme Belastung. Wir werden sie jetzt wieder etwas tiefer ins Koma versenken, die ersten Aufwachzeichen, haben mich besorgt gemacht.»

Für Flavio ist klar, er würde möglichst oft bei ihr bleiben und sich dann jeweils abwechseln mit Sandra oder Mirjam. Er würde seine Töchter entsprechend informieren und auch instruieren. Es sollte nahtlos jemand am Bett dieser nun so blassen, leblos wirkenden Frau bleiben. Die Zeichen des Aufwachsens haben ihn tief erschüttert. Er will sie unbedingt zurückhaben. Er küsst ihre Wange, was nur mit Mühe geht, weil sie völlig verkabelt ist. Verschiedene Überwachungsmonitore blinken neben ihrem Bett. Welch ein Unglück war über sie alle gekommen?

Kapitel 1 Acht Monate zuvor: Die unerwünschte Psychiaterin

«Ich will keinen Psychiater. Und ich brauche auch keinen!», hielt Sonja Berger mit Nachdruck fest. «Aber», meinte Silvia Fritz, Direktorin der Seniorenresidenz Zürichsee, «wir wollen Ihnen doch bloss helfen. Sie sind doch jetzt schon seit drei Wochen bei uns und noch immer sind Sie so traurig. Wir bieten unseren Gästen deshalb die Dienstleistung der psychologischen Betreuung an und dafür kommt wöchentlich ein Psychiater oder eine Psychiaterin in die Residenz.» «Natürlich bin ich traurig, wie auch nicht, schliesslich habe ich vor einem Jahr meinen Mann an Covid verloren und lebe jetzt allein. Dann habe ich noch meinen Oberschenkelhals gebrochen und kann daher zurzeit nicht zu Hause wohnen. Und schliesslich mache ich mir Sorgen, wie es mit dem Haus und meiner Selbständigkeit weitergehen soll. Wie soll ich da nicht traurig sein. Aber ich weiss ja, warum ich traurig bin. Dafür braucht es keinen Psychiater!»

Frau Berger war 82 Jahre alt, eine immer noch schöne Frau mit schneeweissem Haar. Im Geist war sie auch alles andere als alt. Sie konnte sich wehren und argumentieren, normalerweise sogar noch besser als heute, wenn die durchaus vorhandene Traurigkeit sie müde machte. «Versuchen Sie es doch einfach mal», meinte Frau Direktor Fritz, «anderen Gästen hat es bisher auch geholfen und ein Versuch ist es sicher wert. Ihre Tochter ist doch sehr beschäftigt und hat kaum Zeit, mit

Ihnen eingehender zu reden. Dafür gibt es ja Psychiater und Psychiaterinnen. Uns ist es ein Anliegen, dass Sie sich hier wohl fühlen.»

«Meine Tochter Anna ist eine viel beschäftigte Anwältin und hat erst noch eine Familie. Dann hat sie noch mich, ihre Mutter im Pflegheim. Es ist nicht einfach für sie, allen gerecht zu werden, aber sie findet durchaus Zeit, mit mir zu reden, wenn ich sie darum bitte. Sie hat sich rührend um mich gekümmert, als ich meinen Oberschenkelhals gebrochen hatte, und sie war es, die mich schliesslich auch hierhin in die Reha gebracht hat.» «Aber ich wollte Ihre Tochter doch nicht kritisieren», antwortete Frau Direktor Fritz. «Ich weiss», antwortete Sonja Berger. «Ich weiss auch, wie sehr Sie sich um – wie sagen Sie – ihre Gäste bemühen. Nun Gäste sind wir ja wohl nicht, eher Pensionäre. Im Übrigen werde ich nach Hause zurückkehren, sobald die Heilung des Bruchs wieder ein selbständiges Wohnen erlaubt. Und dann werde ich sicher nicht mehr so traurig sein. Der langen Rede kurzer Sinn: Ich brauche keine psychiatrische Betreuung. Sie sollten den Wunsch und den Willen ihrer alten Gäste ernster nehmen. Wir sind wohl alt, aber durchaus noch zurechnungsfähig. Ich mag es nicht, wenn man mich nicht ernst nimmt oder gar wie ein Kind behandelt. Um den Pfarrer, den Sie mir vor einer Woche geschickt haben, hatte ich Sie nicht gebeten, ebenso wenig um die gestrigen Clowns, die mich aufheitern sollten. Die mögen fürs Kinderspital gut sein, vielleicht auch für demente oder senile Gäste, aber ich empfand es als Affront, und überhaupt: Sie zwingen mich auch noch, überwiegend vegan zu essen, weil es manchmal einfach nichts anderes gibt. Für das viele Geld, das ich pro Monat bezahle, dürfte ich doch durchaus auch Fleisch bekommen, wenn ich es möchte …!»

Frau Berger wurde unterbrochen. Es klopfte an der Türe und eine kleine, schlanke Frau von Mitte Vierzig betrat den Raum. «Ah, da sind Sie ja, Frau Dr. Lada!», rief Frau Fritz aus. «Das ist unsere Pensionärin.» Sie schaute die alte Dame schelmisch lächelnd an. «Frau Sonja Berger. Ich habe Sie gebeten zu kommen, weil Frau Berger immer so traurig ist und ich glaube, dass sie eine gewisse Aufmunterung und Betreuung gebrauchen kann. Nun will sie das aber nicht so recht. Ich würde daher vorschlagen: Reden Sie einfach mal miteinander und wenn dann Frau Berger noch immer nicht will, dann ist es halt so.» Frau Fritz lächelte beide Damen etwas unsicher an und verliess eilig den Raum.

Die beiden Frauen schauten sich etwas ratlos an. Sonja Berger fühlte sich überfahren. Doch noch bevor sie protestieren konnte, sagte Frau Dr. Lada in einem schwierig verständlichen, slawisch klingenden Deutsch: «Ich bin Frau Dr. Alma Lada und komme aus Pilsen in die Tschechei. Ich bin seit einem Jahr hier in die Schweiz und arbeite Schwerpunkt Psychiatrische Klinik Oberland. Zweimal Woche besuche ich Seniorenresidenzen und will versuche, alle Patientinnen helfen.» Sonja Berger verdrehte ihre noch immer schönen Augen. Sie hatte kaum die Hälfte verstanden und fühlte sich jetzt noch unwohler. «Frau Dr. Lada», sagte sie, «wie ich schon Frau Direktor Fritz gesagt habe, möchte ich keine Therapie oder psychiatrische Betreuung. Was soll ich sagen? Ich habe vor einem Jahr meinen Mann verloren und kürzlich meinen Oberschenkelhals gebrochen. Ich denke, dass macht niemanden glücklich, auch jüngere Menschen nicht. Was müssen Sie denn noch wissen?»

Frau Dr. Lada zog aus der mitgenommenen Tasche einen Anamnesefragebogen. «Ach wissen Sie», sagte sie, wieder in schwer verständlichem Deutsch, «beantworten Sie mir Fragen.» Schon die erste Frage – sie war recht kompliziert formuliert – verstand Sonja Berger nicht. Nach zweimaligem Nachfragen gab sie eine halbe Antwort zurück. Auch die nachfolgenden Fragen verstand Sonja Berger nur teilweise und in ihr stieg langsam Ärger auf, vor allem, als sie bemerkte, dass Frau Dr. Lada ihre Antworten ebenfalls nicht zu verstehen schien und sie jeweils falsch wiederholte. Nach einer mühsamen halben Stunde hatte die alte Dame schliesslich genug und es platzte ihr auf Schweizerdeutsch raus: «Gänd Sie mir dä Frageboge: Wänn ich d`Frage chan läse, dänn verstahn ich sie vilicht.» Sie stand mühsam von ihrem Rollstuhl auf und griff nach dem Fragebogen und riss ihn der sich wehrenden Ärztin aus den Händen. Frau Lada liess einen Schwall von tschechischem Entsetzen auf Frau Berger los: «Sie schon am Anfang aggressiv, ich muss behandeln, aber nicht hier.» Sie stand auf und verliess den Raum. Da hatte sich Frau Direktor Fritz wohl geirrt, dachte sie. Diese alte Dame war nicht einfach harmlos und traurig. Sie hatte sie angegriffen und ihr den Fragebogen aus den Händen gerissen und das mit einem fast wahnsinnigen Gesichtsausdruck. Diese Patientin brauchte eine Therapie und vor allem brauchte sie Antipsychotika, denn der Angriff der Patientin war wohl deshalb geschehen, weil sie sich selbst irgendwie – wohl in einem Wahn – angegriffen gefühlt hatte.

Dummerweise war jedoch die Direktorin Silvia Fritz nirgendwo im Haus zu finden. Sie war in die Mittagspause gegangen, weshalb Frau Dr. Lada in der Psychiatrie Oberland anrief und dem Pikettpsychiater mitteilte, sie müsse eine alte Dame mit Wahnvorstellungen in die geschlossene Abteilung der Geriatrie einweisen. Sie sei zeitweise aggressiv und man solle ihr auch gleich ein Antipsychotikum verabreichen. Es verging eine halbe Stunde und zwei kräftige Pfleger erschienen. Sie nahmen Sonja Berger, die mittlerweile sehr erschöpft war, in die Mitte. Sie brachen ihren schwachen Widerstand auf Geheiss von Frau Dr. Lada mit einer kleinen Beruhigungsspritze und nahmen sie mit in die Psychiatrie Oberland.

Als Sonja Berger nach ein paar Stunden aus ihrer Benommenheit aufwachte, fand sie sich allein in einem unbekannten Zimmer wieder und sammelte ihre Erinnerungsfetzen zusammen. Was machte sie hier? Was war geschehen? Als schliesslich eine Pflegerin hereinkam, verlangte sie, sofort mit ihrer Tochter telefonieren zu können und reichte der Pflegerin die Telefonnummer von Anna Berger Conti. Die Pflegerin nickte freundlich, verliess den Raum und tat gar nichts. Dann fing Sonja Berger an, an die Türe zu poltern, die sie von innen nicht öffnen konnte. Sie fing auch an zu schreien. Sie wolle hinaus, sie wolle mit ihrer Tochter reden. Schliesslich kamen zwei Pfleger mit der Pflegerin herein, die ihnen erklärte, es sei offensichtlich so, dass die Patientin aggressiv und von einem Wahn befallen sei. Das hatte Frau Berger verstanden und sagte mit sehr beherrschter und sehr klarer Stimme: «Ich bin nicht wahnhaft, ich bin nicht aggressiv, mir wurde gegen meinen Willen eine Psychiaterin zur Seite gestellt oder eher aufgedrängt, die ich nicht verstand und die auch mich nicht verstand und jetzt möchte ich hier raus. Meine Tochter Anna Berger Conti ist Anwältin und an Ihrer Stelle wäre ich jetzt etwas vorsichtig, wenn Sie mich einfach einsperren. Meines Erachtens ist das eine Freiheitsberaubung. Also rufen Sie sofort meine Tochter an!»

Einer der Pfleger lächelte Sonja Berger milde an: «Aber gute Frau, regen Sie sich doch nicht so auf, in ein paar Tagen können Sie wieder in die Seniorenresidenz zurück und Sie werden sich dann sicher viel besser fühlen». Sonja Berger glaubte, sich verhört zu haben. «Lassen Sie bitte das ‹gute Frau›. Sie behandeln mich ja wie eine debile Alte. Ich bin nicht Ihre gute Frau, ich bin Sonja Berger, Mutter von Frau Rechtsanwältin Anna Berger Conti und ich möchte jetzt meine Tochter sprechen, und zwar sofort, und ich garantiere Ihnen, dass Sie eine Menge Ärger bekommen, wenn Sie mich jetzt nicht zu meiner Tochter durchstellen. Das ist ja ein Albtraum hier.»

Der andere Pfleger schaute plötzlich nachdenklich. Als sein Kollege wieder anfangen wollte, Sonja Berger zu beruhigen, legte er ihm die Hand auf den Arm. Er hatte verstanden, dass da irgendetwas gar nicht gut ablief. «Verbinde Frau Berger mit ihrer Tochter, wenn sie das wünscht. Sie darf das selbst bestimmen, sie ist ja nicht etwa bevormundet.» «Ich fühle mich aber fast so!», konterte Sonja Berger. Schliesslich versprach ihr der andere, ruhigere Pfleger, Anna anzurufen. Er kam mit einem Mobiletelefon zurück und sagte, ihre Tochter sei nicht im Büro, sie sei den ganzen Tag an Verhandlungen. «Dann rufen Sie bei ihr zu Hause an. Dort wohnt und arbeitet mein Schwiegersohn und er kann mich holen kommen.» «Na, Sie holen kommen, sehe ich noch nicht ganz. Aber Sie können wenigstens mit ihm telefonieren.»

Die Verbindung zu Flavio Conti gelang schliesslich. Sonja Berger erzählte ihrem Schwiegersohn, was ihr geschehen war, und Flavio Conti war schockiert. «Schau Schwiegermama, ich kann Anna jetzt auch nicht erreichen, weil ich weiss, dass sie zurzeit an einer Gerichtsverhandlung ist. Aber ich weiss etwas anderes: Ich werde ihren Kollegen, Horst Zeltner, der ebenfalls Anwalt ist, anrufen und ihn bitten, sich um deinen Fall zu kümmern.» Und so geschah es.

Kapital 2 Anna Berger Contis Zorn

Anna schäumte vor Zorn. Die Geschichte, die ihr Kollege Zeltner gerade erzählt hatte, war ja auch haarsträubend. Da hatte man doch ihre kluge und liebenswürdige Mutter mit Gewalt in die geschlossene Psychiatrie der Klinik Oberland eingewiesen, und das alles nur, weil eine unfähige, der Sprache zu wenig kundige Psychiaterin das veranlasst hatte.

«Es war gar nicht so einfach, sie aus der Klinik zu holen», hatte ihr Kollege Zeltner erklärt. «Flavio und ich sind zusammen hingefahren und ich musste das ganze Geschütz rechtlicher Drohungen loslassen, bis der Direktor der Klinik sie schliesslich gehen liess. Allerdings waren danach alle, Pfleger und Ärzte, doch sehr nachdenklich, und ich sah auch Unbehagen in ihren Gesichtern. Deine Mutter ist jetzt glücklich zu Hause mit Flavio und euren Töchtern. Ich denke, sie wird diese Geschichte bald überwinden. Nur, sie möchte keinesfalls in die Seniorenresidenz zurück.»

Anna runzelte die Stirn. «Das ist ein Problem, denn mit ihrem Oberschenkelhalsbruch kann ich sie nicht bei mir betreuen. Wir haben so viele Treppen im Haus und keinen Treppenlift. Natürlich kann ich vorübergehend ein Bett im Wohnzimmer aufstellen und eine Pflegerin kommen lassen, aber auf Dauer geht das nicht. Zudem muss sich meine Mutter ohnehin an den Gedanken gewöhnen, dass das Haus in Zollikon verkauft wird und sie in eine alters- und rollstuhlgerechte Wohnung ziehen muss. Natürlich muss ich jetzt schon aus psychologischen Gründen eine andere Altersresidenz suchen, dabei war die Residenz Zürichsee schon etwas vom Besten, das in der Region zu finden ist. Na, man hat wohl nie genug Sorgen.»

Daraufhin rief Anna Berger Conti die Direktorin der Seniorenresidenz Zürichsee an. Frau Direktor Fritz konnte sich vor lauter Entschuldigungen nicht einkriegen. Sie war gerade nicht im Heim gewesen, als ihre Mutter von den Psychiatriepflegern abgeholt wurde, sonst hätte sie das selbstverständlich verhindert. Frau Dr. Lada sei sonst eine sehr angenehme Psychiaterin, allerdings hätten die Psychiater aus dem Osten Europas oft ein Sprachproblem, nicht nur Frau Dr. Lada, aber in der Schweiz gäbe es nun mal viel zu wenige Psychiater oder Psychiaterinnen und sie habe immer gedacht, Frau Dr. Lada mache das mit ihrer Liebenswürdigkeit wett. «Na ja, das haben wir gemerkt», antwortete Anna trocken. «Wir haben jetzt folgendes Problem: Meine Mutter will nicht in die Residenz Zürichsee zurück. Sie befürchtet, wohl nicht zu Unrecht, dass ihr so was wieder passieren könnte. Sie sollten sich das nächste Mal genau überlegen, bei wem Sie einen Psychiater zuziehen. Meine Mutter hat meinem Kollegen erzählt, dass sie sich sehr gegen den Beizug einer Psychiaterin gewehrt habe und diese ihr einfach gegen ihren Willen zur Seite gestellt, besser aufgenötigt, wurde. Sie können doch den Willen alter Leute nicht einfach so übergehen. Wie Sie wissen, ist meine Mutter intellektuell noch vollständig da und zurechnungsfähig.» «Natürlich habe ich das bemerkt, ich habe ja auch nicht Ihre Mutter übergehen wollen. Aber Sie müssen schon sehen, sie war jetzt die ganzen drei Wochen äusserst traurig, um nicht gar zu sagen depressiv. In solchen Fällen versuchen wir den Patienten zu helfen.» «Eine Hilfe, die in einer zwangsweisen Einlieferung in die geschlossene Psychiatrie, mit der Verabreichung einer Beruhigungsspritze und der anschliessenden Verabreichung von Antipsychotika endete, und das bei einer Frau, die sicher nicht wahnhaft veranlagt ist?» Frau Direktor Fritz fehlten daraufhin die Worte.

Immer noch grollend fuhr Anna nach Hause. Sie hatte keine Augen für den schönen Frühsommerabend, für die wunderbare Aussicht auf die Berge, für das klare Blau des sich leicht kräuselnden Zürichsees. In ihr herrschte noch immer dunkle, kalte Wut. Als sie zu Hause ankam, rannte sie geradezu hinauf in den Wohnbereich, nur um erstaunt festzustellen, dass dort eine fröhliche, entspannte und harmonische Atmosphäre herrschte. Flavio kochte glücklich in der Küche. Er war eigentlich immer glücklich, wenn er kochte. Neben ihm sass seine Schwiegermutter mit einem Glas Wein in der Hand am Küchentisch, zufrieden lächelnd, und daneben ihre zwei Töchter, die fröhlich mit der Oma scherzten. Annas Zorn verrauchte ein wenig. Doch, ihre Mutter würde diesen Schock überstehen, wohl noch besser als sie. Flavio war einfach ein aussergewöhnlicher Ehemann und Schwiegersohn. Nicht nur weil er gut kochen konnte, was ihre Mutter sehr wohl wusste, er hatte auch eine wunderbare Beziehung zu seiner Schwiegermutter.

«Du kannst vorerst schon hierbleiben», teilte Anna ihrer Mutter mit, nachdem sie sie umarmt hatte. «Aber kaum für immer. Nicht, weil wir dich nicht bei uns haben wollen, aber du kennst ja die Verhältnisse in unserem Haus. Wir haben verschiedene Treppen und keinen Treppenlift. Zudem kann ich dir hier nicht dieselbe Pflege garantieren, die du im Seniorenheim hattest. Mir ist klar, dass wir wahrscheinlich eine neue Residenz suchen müssen. Aber mir ist auch klar, dass du nach allem, was geschehen ist, nicht mehr länger allein im Haus Zollikon wohnen bleiben kannst, so leid es mir tut.

In Meilen gibt es jetzt in einer anderen Seniorenresidenz luxuriöse Alterswohnungen, rollstuhlgängig und mit allen Bequemlichkeiten. Ich werde mich dort melden und schlau machen, ob und wann du dort allenfalls eine Wohnung mieten kannst. Natürlich sind die teuer, aber du bist eine vermögende Frau und wenn wir das Haus in Zollikon verkaufen, dann wirst du eine sehr vermögende Frau sein. Die Kosten sollten dich nicht kümmern.» Sonja Berger schaute nicht mehr so glücklich drein.

«Wenn der Bruch geheilt ist, kann ich doch wieder in mein Haus!» «Ja», antwortete Anna, «aber vergiss nicht, du wirst nicht mehr so beweglich sein wie vorher. Du kannst nur noch im unteren Stock wohnen. Und dann ist das Haus auch viel zu gross für dich, alles erinnert dich an Papa und die Decke fällt dir auf den Kopf. Denn, darin hatte Frau Direktor Fritz durchaus recht – du bist nicht glücklich, du warst traurig und Einsamkeit macht noch trauriger.»

Kapitel 3 Gespräch unter Kollegen

Eine Woche später kam der Bürokollege Horst Zeltner in Annas Büro. «Schau Anna, ich habe jetzt verschiedene Gespräche geführt, und zwar mit der Leitung der Residenz Zürichsee einerseits und mit der Direktion der Psychiatrischen Klinik Oberland andererseits. Zudem habe ich mich in die Problematik «Sprachprobleme von Psychiatern» eingelesen. Also Letzteres gibt einiges her: Hast du mitbekommen, dass es in letzter Zeit mehrere Artikel in verschiedenen Tageszeitungen zu diesem Problem gab, so zum Beispiel vor kurzem in der NZZ? Dort wurde ausgeführt, dass die Schweiz einen riesigen Mangel an Psychiatern habe. Daher ist man – sozusagen aus Not – auf die Idee gekommen, ausländische Psychiater und Psychiaterinnen beizuziehen. Das wäre ja zu begrüssen, aber etliche von diesen ausländischen Psychiatern kommen heute nicht mehr aus deutschsprachigen Gebieten, sondern vor allem aus Ländern wie Griechenland, Rumänien, Tschechien und Polen. Die Problematik der Verständigungsschwierigkeiten zwischen Psychiater und Patienten liegt da auf der Hand.

Diese Sprachprobleme führen zu Fehldiagnosen, wie es bei deiner Mutter auch geschehen ist, aber vor allem sorgen sie für Frust und Ärger, auch das ist bei deiner Mutter geschehen. Psychiater, die der deutschen Sprache nicht genügend kundig sind, müssten ihre Patienten immer wieder unterbrechen, was zu gehörigen Irritationen führt. Ein fixer Gesprächsfaden sei so nicht möglich. Darum greifen sie, wie diese Frau Dr. Lada, bei der Anamnese auf Fragebogen zurück. Das gibt den Psychiatern Sicherheit, nicht aber, wie wir bei deiner Mutter gesehen haben, den Patienten. Im Gegenteil: Bei diesen kommt das starre Vorgehen schlecht an. Auch arbeiten ausländische Psychiater oft anders als lokale, verschreiben andere oder mehr Medikamente.»

Nach einem Blick auf seine Unterlagen fährt Horst fort: «Angesichts des grossen Mangels an Psychiatern ist der Hinweis auf Sprachprobleme in der Psychiatrie heute fast ein Tabuthema und man riskiert bei einer entsprechenden Kritik den Vorwurf der Ausländerdiskriminierung. Die Schweiz müsse – so die Begründung – den zugewanderten Fachkräften dankbar sein. Ohne sie würde in unserem Gesundheitssystem gar nichts mehr gehen. Selbst suizidgefährdete Personen müssten heute monatelang auf eine Behandlung warten. Ohne ausländische Psychiater wäre diese Wartezeit doppelt so lang. Das Problem wird somit aus Korrektheitsgründen zu wenig angegangen. Es gibt nun mal zu wenig einheimische Psychiater – und das hat seine Gründe.

Das Bundesamt für Gesundheit (BAG) verlangt zwar vermehrt bessere Sprachausbildungen für alle ausländischen Ärzte, nicht nur für Psychiater. Für letztere ist dies jedoch besonders dringend. Man stelle sich komplizierte Gespräche über Zwangsneurosen vor mit einem Arzt, der der deutschen Sprache nicht genügend kundig ist. In Skandinavien zum Beispiel würden ausländischen Psychiatern ein Übersetzer zur Seite gestellt. Du siehst, der Fall deiner Mutter ist in einen recht grossen psychiatrischen Problembereich einzugliedern. Ihr Fall ist geradezu ein Lehrbuchfall.»

«Diese Problematik dürfte ein rechtliches Vorgehen gegen die Beteiligten wohl auch erschweren», stellte Anna fest.

«Psychiater wie zum Beispiel die Frau Dr. Lada können darauf hinweisen, dass sie mit ihren Anamnesebogen quasi lege artis vorgegangen sei.» «Mit dem Anamnesebogen vielleicht», antwortete Kollege Zeltner, «nicht aber mit dem überhasteten Einweisen deiner Mutter in die geschlossene Psychiatrie und mit dem Verabreichen einer Beruhigungsspritze und Antipsychotika. Das hat sogar die Psychiatrische Klinik Oberland eingesehen und verspricht Schadenersatz und Genugtuung nach Vereinbarung. Da bin ich jetzt am Verhandeln. Wir haben aber noch das Problem mit der Direktion der Altersresidenz Zürichsee. Wie deine Mutter mir eindrücklich beschrieben hat – und im Grunde genommen hat das Direktorin Fritz bestätigt – hat sie sich heftig gegen das Beiziehen eines Psychiaters oder einer Psychiaterin gewehrt. Am Schluss hat Frau Fritz deiner Mutter Frau Dr. Lada einfach aufgezwungen und den Raum eiligst verlassen. Ich denke, Frau Direktor wusste, warum sie das tat.

Mal abgesehen davon, dass das ein weiteres wunderbares Beispiel dafür ist, wie man mit alten Leuten und deren Wünschen umgeht, auch mit alten Leuten, die erkennbar voll zurechnungsfähig sind, begründet das Verhalten der Direktorin meines Erachtens ein Verschulden an der nachher eingetretenen Situation, auch wenn nicht sie die Einweisung in die geschlossene Psychiatrie angeordnet hat. Ich habe in der Zwischenzeit mit Frau Dr. Fritz gesprochen – sie ist nicht besonders einsichtig. Man habe es schliesslich nur gut gemeint mit deiner depressiv wirkenden Mutter, keine Pflichtverletzung in diesem Sinne also. In der Zwischenzeit aber habe ich auch mit der Trägerstiftung der Altersresidenz Zürichsee gesprochen, und der Vorstandspräsident dieser Stiftung sieht das Ganze doch etwas anders und fürchtet vor allem mögliche Negativschlagzeilen. Letzteres hat immerhin dazu geführt, dass ich auch mit dem Vorstand der Stiftung über Schadenersatz und Genugtuungsansprüche verhandeln kann.»

Anna war ob all der Neuigkeiten und ob des Umfangs der Problematik erschlagen. So viele Probleme, so viele Fehlentscheide – und all das zum Schaden ihrer Mutter. Auch fragte sich Anna, ob das zu verhindern gewesen wäre und ob es, ganz allgemein gesehen, nicht besser wäre, keinen Psychiater zuzuziehen als einen sprachlich unkundigen. Das würde doch einen Brief an die Stiftung für psychische Gesundheit beziehungsweise an das BAG nahelegen. Anna bedankte sich bei Horst Zeltner für seinen Einsatz und teilte ihm mit, dass sie von ihm eine normale Anwaltsrechnung erwarte – ohne Kollegenbonus. «Mach dir da keine Sorgen», antwortete Horst Zeltner, «ich werde schon schauen, dass meine Anwaltskosten in den Schadenersatz der Psychiatrie Oberland und der Stiftung ‹Seniorenresidenz Zürichsee› eingerechnet werden. Aber, verbleiben wir doch so: Den nächsten Psychiaterfall, der in unserer Kanzlei landet, übernimmst du.»

Anna lächelte. Diesen Deal konnte sie gut eingehen, da sie sich nicht erinnern konnte, in den letzten zehn Jahren überhaupt einen Psychiaterfall in ihrer Anwaltskanzlei angetroffen zu haben. «Mach ich – dieses Versprechen werde ich wohl nicht so bald einhalten müssen.» Sie sollte sich irren.

Kapitel 4 Jahre zuvor: Die Geschichte von Olga Simic

Olga Simic war in Novi Sad/Serbien als dritte Tochter einer wohlhabenden Familie aufgewachsen. Alle drei Töchter der Familie Simic galten als hochbegabt und die Eltern taten alles, um ihre Töchter zu fördern. Nach Schulabschluss schickten sie die zwei ältesten Töchter in die USA, wo eine Schwester von Mutter Simic lebte. Beide studierten und waren erfolgreich. Die ältere ist heute eine angesehene Neurologin in Washington, die zweite eine anerkannte Forscherin in einem grossen Silicon-Valley-Unternehmen.

Nur die jüngste, Olga, wollte nicht in die Staaten reisen. Das lag an ihrem langjährigen Jugendfreund Branko Kapor. Sie waren schon als Kinder zusammen gewesen und studierten jetzt beide an der Universität in Belgrad Medizin. Olga war schon ein Semester weiter als Branko. Er hatte nicht ihre Leichtigkeit im Lernen, aber das spielte damals keine Rolle. Schliesslich bekam Olga die Möglichkeit, ihr Studium in Zürich abzuschliessen, wo eine andere Schwester der Mutter wohnte. Zürich, das war nicht die USA, da war sie schnell wieder zu Hause und diese Lösung schien für Olga persönlich die naheliegendere zu sein. Auch konnte sie Branko einmal im Monat besuchen oder er sie – es schien ideal. Branko mochte diese Lösung weniger und schliesslich brachte er Olga dazu, den Fehler ihres Lebens zu begehen: Sie heiratete Branko. Dieser entschied daraufhin offiziell, sein Studium auch in Zürich zu beenden. Nun kam er wohl nach Zürich, aber – was er Olga zuvor nicht erzählt hatte – er hatte das Studium in Belgrad geschmissen.

Olga, die schon als Assistenzärztin arbeitete und deren grosse Fähigkeiten von ihren Vorgesetzten bereits erkannt worden waren, sagte man eine medizinische Karriere voraus. Sie hatte wohl ein kleines Einkommen, aber für zwei Personen war das sehr wenig und die Einzimmerwohnung, die sie im Hause ihrer Tante bewohnte, liess auch nicht viel Raum für die Eheleute Kapor-Simic. Olgas Eltern, aber auch ihre Zürcher Verwandten, sahen dieser Entwicklung mit Sorge zu. Branko tat den ganzen Tag nichts und hing vor allem rum, während Olga so langsam an ihren 18-Stunden-Tagen ermattete. Wenn sie abends nach Hause kam, war ihr gar nicht nach Diskussionen zu Mute, auch nicht nach Aufräumen oder Kochen. Beides warf ihr Branko immer wieder vor. «Was bist du denn bloss für eine Ehefrau?» Olga verkniff sich in der Regel eine Antwort, bis sie eines Tages explodierte: «Eine Ehefrau, die dich aushält und für dein schönes Leben zahlt.» Nach diesem Satz bekam sie Brankos erste Ohrfeige. Es war nicht die letzte. Branko, durch den Erfolg seiner Frau in seinem tiefsten Selbstbewusstsein gestört und in seiner Männlichkeit angegriffen, schlug immer wieder zu.

Immerhin hatte er mittlerweile eine Arbeit in einem serbischen Restaurant im berühmten Zürcher Kreis 4 angenommen und verdiente auch etwas Geld. Dadurch sahen sich die Eheleute nur noch selten – und das war auch gut so. Olga stürzte sich immer wieder, fast tröstend, in ihre Arbeit, eine Arbeit, die sie sehr liebte und die sie zur allseitigen Befriedigung ausführte. Sie half ihr, ihr schweres Problem mit Branko wenigstens eine

Zeit lang zu verdrängen. Sie hatte niemandem von den Schlägen erzählt, obwohl ihre Tante vermutete, dass Branko ab und zu die Hand ausrutschte.

Nach einem Jahr und nachdem Olga eine hervorragende Dissertation geschrieben hatte, wurde die neurologische Abteilung des Stadtspitals auf sie aufmerksam und bot ihr dort eine Stelle als Assistenzärztin an. Damit stieg auch ihr Lohn. Aber statt sich darüber zu freuen, fühlte sich Branko, der noch immer als Kellner im serbischen Restaurant arbeitete, noch mehr erniedrigt. Er flog immer öfter zurück nach Novi Sad zu seiner Familie, was Olga nur recht war. Natürlich hatten die Familien der beiden Eheleute längst gemerkt, dass es zwischen Olga und Branko nicht gutstand und vor allem die Eltern von Olga waren äusserst besorgt. Wenn Branko jeweils in Novi Sad war, kamen sie Olga häufig besuchen. Obwohl das Olga freute, war sie nie zum Reden aufgelegt, jedenfalls nicht über ihre Ehe. Sie haderte damit, dass sich die Beziehung zu Branko, mit dem sie seit Kindsbeinen befreundet war und den sie einst geliebt hatte, sich so düster entwickelt hatte. Diese Vorgeschichte und die wohl noch immer vorhandene Liebe bremste sie in ihrer Reaktion.

In der Zwischenzeit hatte sie in der Nähe des Stadtspitals eine neue, grössere und schönere Wohnung bezogen, was Branko dazu veranlasste, doch wieder häufiger nach Zürich zu kommen, obwohl er seinen Job als Kellner im serbischen Restaurant verloren hatte. Nun, die neue und schönere Wohnung führte bei Branko nicht zu einer besseren Laune, er wurde im Gegenteil immer missmutiger und aggressiver, und als Olga eines Abends, wie immer müde von einem langen Tag, nach Hause kam, deckte er sie wieder mit ungerechten Vorwürfen ein. Olga, die sonst meist schwieg und auswich, gab diesmal zurück. Sie teilte Branko mit, dass es so nicht weitergehen könne; sie bedaure das, weil sie ihn immer sehr geliebt habe, aber sie könne nicht mit einem Mann leben, der nur von ihr «ziehe», immer streite und sie zwischendurch schlage. Sie denke an Scheidung. Daraufhin rastete Branko völlig aus. Diesmal schlug er nicht nur zu, er prügelte Olga spitalreif.

Mit einem gebrochenen Nasenbein, zwei gebrochenen Rippen, einer zerrissenen Milz und weiteren inneren Verletzungen von Brankos Fusstritten, landete Olga in dem Spital, in dem sie arbeitete. Ihr Vorgesetzter, Dr. Theo Hansen, ein deutscher Kollege, der von Olgas familiärer Situation nichts geahnt hatte, schon gar nicht, weil die junge leitende Ärztin so gut arbeitete, war völlig schockiert, als er sie sah. Er schrieb sämtliche Verletzungen minuziös auf, beschrieb die notwendigen Operationen, stellte bei jeder Verletzung auch die Kausalität zur entsprechenden Gewalteinwirkung her und erhob zusammen mit Olga Strafanzeige. Noch in derselben Nacht wurde Branko verhaftet und kam in Untersuchungshaft. Ein halbes Jahr später wurde Branko zu einer Freiheitsstrafe von 2 Jahren zuzüglich einer erheblichen Geldstrafe und einem Landesverweis von 5 Jahren verurteilt. Die Ausweisung wurde nach dem Absitzen der Strafe sofort vollzogen. Es kamen ein paar gute Jahre für Olga, in denen sie zur Oberärztin aufstieg – alles lief so, wie sie es sich immer gewünscht hatte. ihre Eltern waren oft zu Besuch, und die Wunden fingen an zu heilen.

Olga selbst kehrte nie mehr nach Novi Sad zurück. Zu sehr fürchtete sie die Konfrontation mit Branko oder seiner Familie. Doch bevor die Ausweisungsfrist von fünf Jahren abgelaufen war, stellte Branko über einen versierten Zürcher Anwalt ein Ausnahmegesuch um Einreise in die Schweiz zum einzigen Zweck, sich seine Schulter bei dem Arzt operieren zu lassen, der vor sieben Jahren – mit gutem Erfolg – schon die gleiche Schulter operiert hatte. Nach der Operation würde er selbstverständlich die Schweiz sofort wieder verlassen, er gedenke nicht, in der Schweiz zu bleiben. Das Gesuch wurde erstaunlicherweise bewilligt mit der Auflage, nach der Operation die Schweiz umgehend zu verlassen und während seines Kurzaufenthaltes jeden Kontakt- oder Annäherungsversuch zu Olga zu unterlassen.

Kapitel 5 Professor Krauthammers Wut

Professor Krauthammer schaute traurig auf die schöne Frau von etwa Ende dreissig Jahren, die auf seinem Seziertisch lag: Ein weiterer Fall von Femizid, schon der vierte in diesem Monat. Femizid, der Mord an einer Frau durch einen Mann wegen ihres Geschlechts, meist aufgrund eines Verstosses gegen traditionelle Rollenvorstellungen. Eigentlich brauchte er sie gar nicht zu sezieren, es war schon von Auge erkennbar, warum und woran diese Frau gestorben war. Die Frau war in einem eigentlichen «Overkill» durch mehrere Messerstiche und mehrere Schläge mit einem Golfschläger auf den Kopf getötet worden. Alle Verletzungen hätten schon einzeln zum Tode führen können.

Professor Krauthammer war wütend. Was war bloss mit dieser Welt los? Was war mit den Männern los, die ihre Frauen als Eigentum betrachteten? Und wenn die Frauen nicht entsprechend spurten oder gar wagten, Eigeninitiative zu entwickeln, sahen sie ihre Männlichkeit gefährdet und brachten die Frau um, denn: «Was mir nicht gehört, darf auch keinem anderen gehören.» Dem Mord waren in der Regel Jahre von Misshandlungen vorausgegangen, wohl auch in diesem Fall, wenn er die zahlreichen Narben und Spuren zurückliegender Gewalt betrachtete. Wie lange sollte das noch so weitergehen?

Den beiliegenden Akten, die ihm der fallführende Polizist Wachtmeister Jan Sobic übergeben hatte, entnahm er eine Geschichte, die nicht wirklich typisch war. Bei der Frau handelte es sich offenbar um eine begabte und erfolgreiche serbische Ärztin, die in der Schweiz Karriere gemacht hatte, etwas, das offenbar am Selbstbewusstsein des nicht erfolgreichen Ehemannes genagt hatte. Am Ende ihres Studiums war sie in die Schweiz gekommen, um an der Universität Zürich abzuschliessen. Sie war, wie Professor Krauthammer den Akten entnahm, der Meinung, dass ihr Mann sie begleiten würde, und zwar nicht nur im Leben, sondern auch im Beruf. Der Ehemann, ein gewisser Branko Kapor, hatte offenbar in Belgrad ebenfalls Medizin studiert, dann aber das Studium abgebrochen – und war ihr trotzdem nach Zürich gefolgt.

Während sie die Karriereleiter aufstieg, wurde er immer frustrierter und bösartiger. Während einigen Jahren kam es immer wieder zu Misshandlungen, die schliesslich vor etwa fünf Jahren eskalierten: Als Olga Simic von Kapor spitalreif zusammengeschlagen worden war, reichte sie tatsächlich endlich Strafanzeige gegen diesen ein. Den Akten lag auch eine ärztliche Beurteilung von Dr. Hansen vom Stadtspital Zürich bei. Krauthammer, der sich einiges gewohnt war, erschauerte, ob der vielen dokumentierten schweren Verletzungen, die Branko Kapor Olga Simic schon damals zugefügt hatte. Die Freiheitsstrafe von zwei Jahren erschien ihm dafür viel zu wenig, trotz der zusätzlichen fünfjährigen Landesverweisung. Allerdings hatte Kapor keine Vorstrafen gehabt, was sich wohl positiv für ihn ausgewirkt hatte. Es war nicht das erste Mal, dass Professor Krauthammer erstaunt darüber war, wie tief die Strafen in der Schweiz im Vergleich mit dem europäischen Ausland, von Amerika ganz zu schweigen, ausfielen. Aber nun, er war kein Richter, noch nicht mal Jurist. Die Richter sahen allerdings nicht, was er sah, da waren die Fotos in den Akten zu wenig genau. Richter rochen auch nicht, was er riechen musste.

Damit waren nicht nur das Blut und die Verletzungen gemeint. Krauthammer glaubte, auch noch die Schmerzen, die Angst und den Todeskampf zu riechen, vor allem bei «frischen» Leichen. Ach, er war wohl doch schon zu lange im Amt.

Nach der – erstaunlicherweise – vorzeitigen Entlassung, war Kapor sofort ausgewiesen worden. Aber fünf Jahre gingen schnell vorbei. In dieser Zeit hatte sich Olga Simic in Abwesenheit von Branko Kapor scheiden lassen. Branko Kapor hatte trotzdem aus Sicherheitsgründen ein Kontaktverbot und ein Annäherungsverbot gegenüber seiner Ex-Frau auferlegt bekommen. Insofern waren die Behörden schon tätig gewesen, aber es hatte nicht genügt.

Für eine Schulteroperation war Kapor die befristete Einreise in die Schweiz bewilligt worden. Das konnte Krauthammer nun gar nicht verstehen. Kapors gewiefter Schweizer Anwalt hatte das Begehren damit begründet, dass der gewünschte Schweizer Arzt vor Jahren schon Kapors andere Schulter operierte hatte. Die Schulter war auch tatsächlich operiert worden, aber was dann geschah ... Professor Krauthammer konnte nur schlucken. Wie fühlte der hilfreiche Anwalt sich jetzt wohl?

Mit steigendem Unglauben las Krauthammer im Polizeibericht die Zusammenfassung dieser unglaublichen Tat. Branko Kapor habe dem operierenden Chirurgen gesagt, er sei unter anderem auch darum in der Schweiz, «weil er seine Ex-Frau noch umbringen müsse». Der Chirurg, Dr. Christian Baumann, sei zuerst etwas verwirrt gewesen. Meinte der Patient das ernst und was sollte er davon halten? Dr. Baumann habe daraufhin einige Anrufe getätigt, unter anderem bei der Polizei, und erfuhr einen Teil der Vorgeschichte. Noch bevor er Kapor entliess, habe er den Notfallpsychiater des Bezirks beigezogen, damit sich dieser den Patienten genauer anschaue. In der Zwischenzeit hatte auch Olga Simic erfahren, dass Kapor in der Schweiz war, und habe sich ebenfalls an die Polizei gewandt mit der dringenden Bitte, Kapor in Sicherheitshaft zu nehmen und wieder auszuweisen. Soweit so gut.

Mit wachsender Wut las Krauthammer weiter. «Der zugezogene Psychiater, ein polnischer Psychiater namens Jan Milosz, der an diesem Tag gerade Notfalldienst hatte, sei tatsächlich gekommen, habe eine halbe Stunde mit Kapor gesprochen, wobei sich Dr. Baumann gefragte habe, ob sich die zwei sprachlich überhaupt verstehen konnten. Doch Dr. Milosz sei nach dem ungefähr halbstündigen Gespräch guter Dinge aus dem Krankenzimmer Kapors gekommen und habe Dr. Baumann informiert, dass er keine Gefahr für die Ex-Frau sehe. Kapor sei bei voller Vernunft, vielleicht etwas nervös und noch unter dem Einfluss der Operation. Er habe Dr. Baumann empfohlen, Kapor genügend Beruhigungsmittel zu geben und sich weiter keine Sorgen zu machen.

Dr. Baumann hatte sich aber Sorgen gemacht. Sein schlechtes Bauchgefühl kündigte ihm Unheil an. Somit hatte er Kapor nicht einfach zum vorgesehenen Zeitpunkt aus dem Spital entlassen, sondern zuvor die Polizei alarmiert mit der Bitte, Kapor zu holen und ihn möglichst sofort an die Grenze zu stellen oder in Sicherheitshaft zu nehmen. Denn: Kapor habe die Drohung zweimal fallen lassen, einmal auch in Gegenwart der Krankenpflegerin Frau Droste. Aufgrund der Vorgeschichte Kapors sei diese Drohung ernst zu nehmen, psychiatrische Einschätzung hin oder her.

Professor Krauthammer sah wieder auf die Leiche der einst so schönen Frau und er hätte weinen mögen. Sie würde ihn verfolgen, nach Hause, in den Schlaf, in seine Träume. Zum

Glück geschah das nicht oft mit seinen «Klienten». Aber auch ein Pathologe war nur ein Mensch. Er rief zwei seiner Assistentinnen, die gerade Dienst hatten und bat sie, ihm bei der Obduktion zu assistieren und genau aufzupassen, was für Vorverletzungen und typische Spuren familiärer Gewalt erkennbar waren. Er wusste, was eine Frau, die, wie Olga Simic, letztlich in der Pathologie landete, schon an Gewalt mitgemacht haben musste. Und dieser Fall war ein extremes Beispiel von Gewalt.

Kapor war tatsächlich von der Polizei abgeholt und ins Präsidium gebracht worden. Dort aber hatte ein sehr gewandter Branko Kapor die diensthabenden Polizisten davon überzeugt, dass der Notfallpsychiater des Bezirks bei ihm gewesen sei und Dr. Baumann attestiert habe, dass von ihm, Kapor, keine Gefahr ausgehe. Polizeiwachtmeister Jan Sobic habe daraufhin Dr. Milosz angerufen. Dieser habe die Angaben von Kapor bestätigt – und Kapor sei mit der Auflage, innerhalb von zwei Tagen das Land zu verlassen, frei gelassen worden.

Am gleichen Abend wurde Anna vor ihrem Haus von Kapor schon erwartet und voller Hass und aufgestautem Frust mit einem Messer und einem Golfschläger getötet.

Kapitel 6 Ein neuer Klient

Nur zwei Wochen nach dem Vorfall mit Annas Mutter erschien Horst Zeltner eines Morgens als erstes bei Anna im Büro. Er grinste über beide Ohren: «Ich habe dir einen neuen Klienten, wie abgemacht einen Psychiater.» Anna schaute Horst Zeltner entgeistert an. «Wie das denn?», fragte sie. «Du hast doch bestimmt über den Fall Kapor, den Mann aus Novi-Sad, der seine Ehefrau, eine Ärztin, umgebracht hat, gelesen?», fuhr Horst Zeltner fort. «Ja, aber dort ist der Prozess doch abgeschlossen», antwortete Anna. «Es geht auch nicht um Kapor, sondern um den Psychiater, der den Kapor begutachtet hat, also genauer gesagt, der der Polizei das Okay gegeben hat, Kapor kurz vor seiner Rückkehr nach Serbien freizulassen. Aufgrund dieser positiven psychiatrischen Einschätzung von Dr. Milosz kam Kapor frei, obwohl er zuvor mehrmals damit gedroht hatte, seine Ex-Frau umzubringen – und am selben Abend war seine Frau tot, brutal ermordet von Kapor. Die neue Staatsanwältin Helene Dupont hat nun aufgrund einer Strafanzeige der Verwandten des Opfers ein Strafverfahren gegen Dr. Milosz wegen Beihilfe zu Mord eröffnet. Die Opferfamilie ist der Meinung, dass es Kapor nur aufgrund der Zustimmung von Dr. Milosz möglich gewesen sei, seine Ex-Frau umzubringen.»

«Da hätte die Staatsanwaltschaft auch selber draufkommen und von Amtes wegen tätig werden können», meinte Anna, «mit solchen Psychiatern wird man dem Problem des Femizids, ja, der familiären Gewalt überhaupt, nie beikommen. Kopfschüttelnd fuhr sie fort. «Ich habe alles über die Verhandlung gegen Kapor gelesen. Was ist das denn für ein Psychiater, der ohne weitere Abklärungen und in nur einer halben Stunde bei einem solchen Täter das Okay zur Entlassung gibt?» «Äh! – das ist dein neuer Klient, Dr. Milosz. Er wurde gestern von der Staatsanwältin erstmals vernommen, bat um amtliche Verteidigung und hat dann mich angerufen. Ich habe ihn dann gleich an dich weitergewiesen, einerseits wegen deiner strafrechtlichen Erfahrung – und in Erfüllung unserer Vereinbarung. Du hattest doch schon mal einen ähnlichen Fall, weisst du noch? Vor fünf Jahren, als du den Angestellten der Justizdirektion verteidigt hast, der angeklagt worden war, an der Tötung eines Taxifahrers mitschuldig zu sein, weil er einem gefährlichen Straftäter den Ausgang bewilligt hatte?»

Annas sechster Sinn schlug an. Ihr schwante Unheil. «Ja natürlich erinnere ich mich Horst, wie auch nicht, das war ein sehr grosser Fall mit drei Angeklagten: meinem Klienten, dem zuständigen Polizisten und dem Psychiater – das ist vergleichbar. Nur aufgrund der Bewilligung des Urlaubes war es dem Täter überhaupt möglich gewesen, den Taxifahrer zu töten. So auf Anhieb aber scheint mir, dass in Sachen Kapor der Fall anders liegt. Ich muss mir das mal genau überlegen und mir auch die Akten bringen lassen.» «Die Akten habe ich bereits angefragt. Die sollten morgen hier sein. Aufgrund der Besonderheit des Falles wurde der Prozess gegen den Mörder Kapor nicht gleichzeitig mit dem Verfahren gegen den Psychiater geführt, weil der Staatsanwalt, der im Fall Kapor zuständig ist, sich auf diesen Mordfall konzentrieren wollte.» «Darum also hat man den Prozess gegen den hilfreichen Psychiater abgetrennt?», fragte Anna. «Nicht nur», antwortete Zeltner, «die

Opferfamilie ging davon aus, dass die Staatsanwaltschaft selbst tätig werden würde, wurde sie aber nicht. Darum mussten sie selbst Strafanzeige einreichen über den Opferanwalt, der sie schon im Prozess gegen Kapor vertreten hatte: Rechtsanwalt Daniel Levi. Ein guter Anwalt übrigens, finde ich.»
«Ich weiss, ich kenne ihn.» Anna seufzte. «Ich habe ja sonst nichts zu tun. Ich mag nicht einen Täter verteidigen, der an einem Frauenmord eine Mitschuld trägt. Ich werde künftig mit meinen Versprechen etwas vorsichtiger sein müssen.»
«Dachte ich mir, dass das kommt, aber du bist ja immer diejenige gewesen, die sagte, dass jeder, auch ein Schwerverbrecher, einen Anspruch auf Verteidigung hat», lachte Zeltner.
«Ich nehme ihn ja und stehe zu dem, was ich gesagt habe, und zu meinem Versprechen auch», murrte Anna missmutig. «Na dann viel Glück bei der Verteidigung von Dr. Milosz», wünschte Zeltner fröhlich.
Zwei Tage später hatte Anna die Akten gelesen, zumindest den Teil, den sie erhalten hatte. Sie war alles andere als glücklich über diesen Fall. Er lag, wie sie schon geahnt hatte, anders als der Fall des ermordeten Taxifahrers durch den Gefangenen auf Urlaub. Damals war klar gewesen, dass ihr Klient, aber auch die anderen Angeklagten, wohl entfernt damit rechnen konnten, dass der beurlaubte Strafgefangene in seiner Urlaubszeit irgendeine Straftat verüben könnte, aber eben irgendeine, sicher nicht eine bestimmte Straftat, so wie sie Kapor präzis vorausgesagt hatte. Die Grundsatzfrage war: Hatte Dr. Milosz eine vorsätzliche Gehilfenschaft zum Mord geleistet, dadurch dass er es für problemlos hielt, Kapor für kurze Zeit freizulassen, bis er zurück nach Serbien zurückkreisen würde. War er sich des Risikos, dass er mit dieser Unbedenklichkeitserklärung einging, überhaupt bewusst gewesen?

Während bei ihrem Taxifahrer-Fall damals klar gewesen war, dass die Angeklagten höchstens fahrlässig gehandelt hatten, war dies bei Milosz nicht so klar. Damals hatte sie mit dem Argument, dass es eine fahrlässige Mittäterschaft oder Teilnahme rein strafrechtlich nicht gebe, den Fall abwürgen und die Anklage zu Fall bringen können. Nun war aber in gewissen Fällen die Linie zwischen Fahrlässigkeit und Vorsatz hauchdünn und im vorliegenden Fall schien er ihr besonders dünn.

Rein laienhaft gesehen konnte man vorliegend sagen, dass Dr. Milosz den Mord an der Ehefrau von Kapor keinesfalls gewollt habe – nur mit dem Wollen war es im Strafrecht so eine Sache. Für ein strafrechtlich relevantes Wollen genügt es nämlich, den strafrechtlichen Erfolg, hier den Tod des Opfers, in Kauf zu nehmen. Anna fragte sich, ob Milosz durch seine fahrlässig erteilte Auskunft nicht eine Tötung der Ehefrau durch Kapor, wie dieser sie mehrmals angekündigt hatte, in Kauf genommen hatte. Unbestreitbar hatte Milosz pflichtwidrig unvorsichtig gehandelt, aber nahm er auch die Tötung der Ex-Ehefrau von Kapor im Falle einer Freilassung in Kauf? Anna vermutete, dass Milosz behaupten würde, er habe gar nicht daran gedacht, dass sein Okay zu diesem Verlauf führen würde. Das hatte er schon im Strafverfahren Kapor als Zeuge ausgesagt, wie aus dem Protokoll hervorging. Nur, wie naiv konnte ein Psychiater – ein Fachmann also – sein, erst noch im Wissen darum, dass der Patient schon mehrmals mit der Tötung seiner Ex-Ehefrau gedroht hatte. Konnte er das tatsächlich nicht genügend ernst nehmen? Und das bei dieser Vorgeschichte? Hatte er nicht dadurch, dass er nonchalant den Kapor in kurzer Zeit und erst noch mit beidseitigen Sprachproblemen «prüfte», nicht Schuld auf sich geladen?

Milosz hatte im Prozess gegen Kapor geltend gemacht, gar nicht an diesen Verlauf gedacht zu haben. Er habe darauf vertraut, dass dies nicht geschehen werde. Heilige Einfalt. Verglichen zu den Tätern im berühmt gewordenen Taxifahrer-Mordfall lag Milosz mit seinem Verhalten deutlich näher an der Strafbarkeit. Das würde nicht einfach werden. Die Unterscheidung zwischen Fahrlässigkeit und Eventualvorsatz war sehr problematisch, weil bei Vorsatz eine viel höhere Freiheitsstrafe vorgesehen war als bei Fahrlässigkeit. Für Dr. Milosz war die Abgrenzung grundlegend und zukunftsbestimmend.

Es war davon auszugehen, dass der Rechtsvertreter der geschädigten Familie Simic, Rechtsanwalt Daniel Levi, dies auch wusste und der Opferfamilie erklärt hatte. Daniel Levi hatte in deren Name bereits eine Eingabe gegen die von Staatsanwältin Dupont beabsichtigte Einstellung des Verfahrens gegen Milosz eingereicht. Anna hatte zwar diese Rechtsschrift noch nicht gelesen, aber Levi war ein sehr fundierter, kluger Anwalt, sicher der härtere Brocken auf der Gegenseite als Staatsanwältin Dupont.

Kapitel 7 Das Gespräch mit Dr. Milosz

Als Dr. Milosz von der Kanzleisekretärin Astrid ins Verhandlungszimmer geführt wurde, stellte Anna mit einem gewissen Unbehagen sofort fest, dass es sich bei diesem Mann um eine eindrückliche Erscheinung handelte. Dr. Milosz war ein attraktiver Herr mittleren Alters mit gewelltem weissem Haar und einer leicht getönten Haut, was zusammen einen schönen Kontrast bildete. Als er zu sprechen anfing, fiel ihr die dunkle, sympathische Stimme angenehm auf. Im Laufe des Gespräches würde Anna bemerken, dass es schwierig war, Dr. Milosz nicht sympathisch zu finden, mit der Einfühlsamkeit und der Liebenswürdigkeit, mit der er das Gespräch führte. Und er führte das Gespräch tatsächlich. Als Anna das bemerkte, ärgerte sie sich über sich selbst, ging sie doch sonst niemandem so leicht auf den Leim. Nach dieser Feststellung unterbrach sie ihn etwas irritiert und erklärte ihm den Sachverhalt und die Rechtslage aus ihrer Sicht. Sie machte Dr. Milosz auch nichts vor: Die Situation sei gefährlich für ihn und es sei nicht sicher, wenn auch aus ihrer Sicht eher unwahrscheinlich, ob der Richter nicht doch von einer vorsätzlichen Beihilfe zu Mord ausgehen würde, was eine längere Freiheitsstrafe zur Folge hätte.

Dr. Milosz nickte mit grossem Ernst. Er sei sich heute bewusst, in welch schwierige Situation er da geraten sei, aber, sagte er mit seinem schweren, aber für Anna gut verständlichen polnischen Akzent, er habe Kapor wirklich geglaubt, dass er nicht daran dachte, seine Ex-Frau zu ermorden. Zu sehr würden ihm die bisher abgesessene Haft noch in den Knochen stecken, nie mehr würde er in Unfreiheit leben wollen. Es sei natürlich nicht auszuschliessen, dass Kapor ein hervorragender Schauspieler gewesen sei und ihn an der Nase herumgeführt habe. Doch in der Regel habe er ein gutes Gespür für seine Patienten. Er sei jedenfalls selbst völlig überrascht gewesen, als er vernommen habe, dass Kapor nach seiner Freilassung offenbar umgehend zu seiner Ex-Frau gegangen sei und diese umgebracht habe. Es gehe ihm, Milosz, überhaupt nicht gut seither. Zwar sei er der Meinung, dass er nach bestem Wissen und Gewissen gehandelt habe, dennoch schlafe er seitdem schlecht.

Es sei eine Ausnahme gewesen, dass ausgerechnet er am Tattag der Pikett-Psychiater im zuständigen Bezirk gewesen war. Normalerweise sei er in der Klinik Oberland nur therapeutisch tätig. Solche Notfalleinsätze seien ungewöhnlich und er möge sie gar nicht. Meistens gäben sie dem Notfallpsychiater nicht genügend Zeit, um einen Fall sorgfältig beurteilen zu können. Das sei an sich eine immanente Problematik und die falle nun auf ihn zurück. Von Inkaufnehmen des Mordes an Frau Kapor könne keinesfalls die Rede sein. Nach dem sehr ruhigen und angenehmen Gespräch mit Herrn Kapor habe er wirklich darauf vertraut, dass dieser vernünftig sei und sich nicht zu einem solchen Delikt würde hinreissen lassen.

Anna hatte Dr. Milosz ausreden lassen. Wortgewaltig wie er war und sich seines Eindrucks auf andere Menschen sehr bewusst, wirkte er sehr überzeugend. Anna war durchaus beeindruckt, aber nicht überzeugt. Irgendwie nervte sie dieser Machopsychiater.

«Hatten Sie denn vor dem Besuch bei Kapor nicht mit Dr. Baumann gesprochen – der hat das doch ganz anders gesehen?

Und nach dem Gespräch hat er Sie doch nochmals gewarnt?» Milosz lächelte gewinnend und antwortete: «Aber liebe Frau Conti, natürlich hatte ich vorher mit Dr. Baumann gesprochen. Danach hatte Dr. Baumann allerdings keine Zeit mehr.» Anna war irritiert vom «lieben Frau Conti». Sie schluckte eine Bemerkung runter und fragte Milosz: «Warum haben Sie der Entlassung dann zugestimmt oder besser, eine Unbedenklichkeitserklärung abgegeben, obwohl Sie mit Dr. Baumann gesprochen hatten, die Vorgeschichte kannten und sich des Risikos eines Pikett-Psychiaters bewusst waren?» Milosz schwieg nun das erste Mal und seufzte.

Anna liesse ihre Frage einwirken. Sie teilte ihm schliesslich mit, dass sie vor diesem Klientengespräch mit der zuständigen Staatsanwältin Dupont gesprochen habe: «Diese scheint Ihnen, so hatte ich den Eindruck, eigentlich recht wohlgesinnt zu sein. Wir werden die Einvernahme ja bald wiederholen müssen, weil bei der ersten Einvernahme fälschlicherweise der Opfervertreter nicht eingeladen worden ist.» Milosz lächelte versonnen vor sich hin. «Ja», sagte er, «Frau Staatsanwältin Dupont ist ausserordentlich nett». ‹Hm›, dachte Anna. Das hatte sie von einem angeschuldigten Klienten noch selten gehört. Den Staatsanwälten und besonders den Staatsanwältinnen wurde in der Regel mit Misstrauen und Abwehr begegnet. Nun, die Verteidigung würde wesentlich einfacher werden, wenn die Staatsanwältin ihrem Klienten wohlgesinnt war. Ohnehin glaubte sie nicht, dass man Milosz wegen Gehilfenschaft zu Mord verurteilen würde. Das teile sie ihm auch mit, warnte ihn aber: Er könne den Fall nicht ernst genug nehmen.

«Denn nicht so nett, dafür sehr fähig und hart, ist der Vertreter der Opferfamilie Simic, Rechtsanwalt Levi. Den dürfen Sie nicht unterschätzen», teilte sie Milosz mit. Das erste Mal erschien ein unfreundlicher, ja bösartiger Ausdruck in Milosz' Gesicht. «Ein Jude natürlich», sagte er gehässig. Anna schluckte. Solch antisemitische Ausbrüche mochte sie nicht. «Spielt das eine Rolle?», fragte sie Milosz scharf. «Natürlich nicht, das ist mir nur so rausgerutscht», antwortete Milosz, nun wieder sanft und freundlich.

Nun war Anna nicht nur nicht überzeugt, sondern geradezu misstrauisch. Da hatte ihr Kollege Zeltner einen schwierigen Klienten eingebrockt. Sie beschloss, etwas über den bisherigen Berufsverlauf von Dr. Milosz in Erfahrung zu bringen. Alles, was sie bisher wusste, war, dass er vor ungefähr eineinhalb Jahren in die Schweiz gekommen war. Zuvor hatte er offenbar in Warschau gearbeitet. Als Grund für seine Einreise in der Schweiz hatte er im Strafverfahren Kapor, wo er als Zeuge aufgeboten worden war, familiäre Gründe angegeben: eine Schwester in Zürich. Zudem war er aufgrund des Psychiater-Mangels in der Schweiz sehr willkommen gewesen und hatte sofort mehrere Stellen angeboten erhalten. Diese Problematik kannte Anna schon und dachte kurz an ihre Mutter.

Als sie sich schliesslich von Milosz verabschiedete, fiel ihr erneut dieser überwarme, herzliche Händedruck auf. Der Mann hatte es wirklich in sich. Gedankenversunken fuhr Anna ins Büro. Ihr sechster Sinn oder, wie sie es nannte, ihre Alarmlampe hatte bereits früher angeschlagen, jetzt brannten alle Lichter. Irgendwas stimmte mit diesem Mann nicht. Noch konnte sie nicht wissen oder erahnen, was es war. Sie fühlte sich mit diesem Klienten äusserst unwohl.

Kapitel 8 Annas Gedanken

Anna hätte das Mandat nie übernommen, wenn sie nicht in Horst Zeltners Schuld gestanden wäre, denn seit ein paar Monaten nahm Anna keine neuen Rechtsfälle mehr an. Es ging ihr nicht gut. Sie, die in ihrem Leben kaum je krank gewesen war, war vor einem Jahr an Covid erkrankt und dies, obwohl sie zweimal geimpft und zusätzlich «geboostert» worden war. Auch ihr Ehemann Flavio war krank gewesen, sogar viel kränker als sie. Anna hatte sich damals Sorgen gemacht, vor allem, als er Atembeschwerden bekam. Zum Glück musste er dann doch nicht ins Krankenhaus.

Bei ihr war es eigentlich in zwei Tagen vorbei gewesen. Umso erstaunlicher, dass Flavio sich schnell von seiner Coviderkrankung erholt hatte und sie nicht. Seither war sie ständig müde, manchmal sogar bodenlos müde. Hinzu kam ein regelmässiger, mehr als lästiger Schwindel. Mit beidem, Müdigkeit und Schwindel, war schlecht umzugehen. Annas Aktions- und Zeitradius hatten sich merklich verringert. Nach vier Uhr nachmittags war sie nicht mehr «zu gebrauchen» und manchmal musste sie sich sogar von Flavio nach der Arbeit abholen lassen.

Diese Krankheitsfolgen von Covid seien nicht abnormal und kämen öfters vor, hatten ihr verschiedene Ärzte beruhigend versichert. Nur: Kein Arzt konnte ihr sagen, wie lange das dauern würde. Die Ärzte konnten es wohl auch nicht wissen, denn Long Covid hatte in der medizinischen Forschung bisher kaum

Beachtung gefunden. Man hörte in der Zwischenzeit viele Geschichten zu «Long Covid» und alle waren bedrückend, einige richtig schlimm, von Menschen, die sozusagen überhaupt nicht mehr aufstanden. So arg war es bei ihr dann doch wieder nicht, aber schlimm genug.

Anna war unglücklich, nicht nur wegen ihrer eingeschränkten Gesundheit, sondern auch über die – wie sie fand – verrückt gewordene Zeit. Nun war schon seit fast zweieinhalb Jahren die Covid-Pandemie im Gange, und das Virus wollte sich noch immer nicht verabschieden. Natürlich schien die Situation besser geworden zu sein. Doch die Menschen hatten sich in der Pandemie geändert. Schleichend, und nicht etwa nur die sogenannten Covid-Verschwörer.

Als wäre Covid für die Menschheit nicht Problem genug gewesen, war Ende Februar in der Ukraine noch Krieg ausgebrochen. Ein Krieg in Europa – das war bisher undenkbar gewesen, wobei man eigentlich Putin einen Angriffskrieg hätte zutrauen können, vor allem, nachdem er 2014 die Halbinsel Krim annektiert hatte. Die europäischen Politiker hatten entweder geschlafen oder, was fast noch wahrscheinlicher war, die Gefahr verdrängt – und nun hatten sie den Problemsalat, zum Beispiel das nicht mehr fliessende Gas aus Russland und die sich daraus ergebenden hohen Strompreise. Dann das schlechte Gefühl, dass die Sicherheit in Europa nicht mehr gewährleistet war. Würde sich das westliche Europa im Ernstfall verteidigen können? Man wollte nicht daran denken.

Unglücklich war Anna auch über das Verhalten ihres eigenen Landes, einer Schweiz, die sich hinter ihrer Neutralität verschanzte. Das war nicht nur Angst, das war schon fast feige Mutlosigkeit. Was Anna noch weniger verstand, war, dass aus einigen überzeugten Covid-Impfgegnern nun plötzlich Putin-

Versteher geworden waren. Was für eine verkehrte Welt war das denn?

Hinzu kamen fanatische Klimaaktivisten, Veganeraktivisten, Genderaktivisten – waren denn alle verrückt geworden? Das war nicht mehr ihre Zeit und nicht mehr ihre Welt. All dies setzte Anna auch zu. Wurde sie alt? Bei ihr zu Hause wurde viel über diese Themen diskutiert. Wenigstens in ihren eigenen vier Wänden waren sie sich einig, doch es gab immer wieder Bekannte, mit denen sie schlicht nicht mehr diskutieren mochte. Somit war nicht nur die Geschichte um Annas Mutter Grund für ihren Stress gewesen, sondern auch ein Sammelsurium von persönlichen und zeitgeistpolitischen Problemen, die sie – und das nervte sie besonders – nicht einordnen konnte.

Am Tag nach dem Gespräch mit Jan Milosz begab sich Anna zu Horst Zeltner. «Erzähl, wie ist er?», fragte dieser sofort.

«Nun, eigentlich kann ich es dir gar nicht genau sagen. Ich habe ein schlechtes Gefühl. Ich weiss, dass ihr männlichen Anwälte Mühe habt, wenn ich über mein schlechtes Gefühl spreche, obwohl das viel besser anzeigt als meine Ratio. Milosz ist komisch. Er hat eine überfreundliche, schon fast klebrige Art. Dann ist er offenbar gut verbunden mit der zuständigen Staatsanwältin Dupont. Ich denke, dass Kollege Levi sie in den Ausstand schicken wird. So geht das wohl wirklich nicht. Nur darf ich natürlich schon wegen des Berufsgeheimnisses nichts sagen, geschweige denn etwas unternehmen, auch nicht als spätere Zeugin, was meinem Klienten schaden könnte. Aber eine so innige Verbindung zwischen einem Angeschuldigten und der Staatsanwältin habe ich bis jetzt wirklich noch nie erlebt. Zusammen gesehen habe ich die beiden allerdings noch nicht.

Das werde ich dann wohl bei der bevorstehenden Einvernahme von Milosz. Die erste Einvernahme muss nämlich wiederholt werden. Dupont behauptet, sie habe vergessen, den Geschädigten-Vertreter einzuladen. Wer's glaubt?

Was kann ich noch zu Milosz sagen? Er ist ein richtiger Macho und, ach ja, ein Antisemit» –und Anna erzählte Zeltner vom kurzen Ausbruch von Dr. Milosz. «Wie unangenehm», meinte Zeltner, «aber du wirst das schon schaffen. Sogar eine Anna mit halber Energie, und das bist du zurzeit leider, wird den Fall in den Griff bekommen.» Anna seufzte.

Sie ging in ihr eigenes Büro zurück und dachte: «Nichts habe ich im Griff, nicht einmal mich selbst. Die Probleme haben eher mich im Griff.» Nun, sie würde mit dem Sekretariat der Staatsanwaltschaft einen Termin für die erneute Einvernahme von Milosz abmachen. Die musste unbedingt an einem Morgen stattfinden, weil sie dann in der Regel noch frisch genug war. Vermaledeites Covid.

Kapitel 9 Die zweite Einvernahme von Dr. Milosz

Es war ein Donnerstag und die Einvernahme war auf neun Uhr angesetzt. Anna hatte mit Dr. Milosz in einem Café in der Nähe der Staatsanwaltschaft abgemacht, um noch kurz die letzten Probleme zu besprechen und einen möglichst beruhigenden Kaffee zu trinken. Das tat sie immer mit Klienten vor einer strafrechtlichen Einvernahme. Milosz musste allerdings nicht beruhigt werden. Er strahlte eine enorme Selbstsicherheit und Zuversicht aus. Das war bei Angeschuldigten in Strafverfahren selten, aber die Dupont schien für Milosz ein sicherer Wert zu sein. Die Strafanzeige hatte ihn bisher nicht beeindruckt. Anna hatte ihn beim ersten Gespräch schon mal wohlweislich darauf hingewiesen, dass Kollege Levi möglicherweise ein Ausstandsbegehren gegen Frau Staatsanwältin Dupont stellen könnte. Er, Milosz, solle seine Begeisterung für die Staatsanwältin nicht so offen zeigen. Aber auch das hatte Milosz keinen Eindruck gemacht.

Anna hatte am Morgen nach dem Aufstehen versucht, sich mit ein paar Lockerungs- und Turnübungen auf den Tag vorzubereiten. Sie fühlte, dass eine Erkältung im Anzug war. Seit ihrer Covid-Erkrankung schien jedes Virus bei ihr Einzug halten zu wollen, ihr Immunsystem war wohl tatsächlich im Keller. Sie war schon früher müde als sonst. Daher trank sie noch einen zweiten Kaffee und machte sich auf den Weg. Als sie bei der Staatsanwaltschaft beim Stauffacherplatz ankamen und die Sicherheitskontrollen durchschritten hatten, blieben Anna noch ein paar Minuten und sie überlegte sich, ob sie Peter Fried, einen mittlerweile mit ihr schon fast befreundeten Staatsanwalt, kurz besuchen sollte. Doch dieser war, wie sich herausstellte, schon ins neue Justizzentrum umgezogen.

Das Büro von Staatsanwältin Dupont war viel kleiner als das ehemalige Büro von Peter Fried. Nun, sie war noch nicht so lange in ihrem Amt und wahrscheinlich musste man sich die schönen, grossen Büros erst mal verdienen. Vor ihrem Büro standen bereits Rechtsanwalt Levi mit einem Vertreter der Familie Simic – entweder der Vater oder der Onkel der verstorbenen Olga Simic. Anna bezweifelte, ob Staatsanwältin Dupont dies durchgehen lassen würde. Betroffene oder Vertreter der Opferfamilie konnten sich bei Einvernahmen eigentlich nur störend auswirken: Emotionale Ausbrüche – sei es aus Trauer oder aus Wut – waren oft nicht zu vermeiden. Sie ging hinüber, begrüsste ihren Kollegen Levi und auch, wie sich herausstellte, den Vater von Olga Simic, und fragte dann Levi direkt: «Halten Sie's für richtig, den Vater der getöteten Olga Simic jetzt an diese Einvernahme mitzunehmen?» «Gute Frage», sagte Levi, «ich denke, dass Staatsanwältin Dupont ihn eh ausschliessen wird. Ich habe ihn schon entsprechend vorbereitet und auch gebeten, vielleicht gerade selbst auf eine Teilnahme zu verzichten. Aber Frau Kollegin, Sie wissen doch selbst, wie es ist mit Angehörigen von Opfern. So oder so weiss er, dass er nichts sagen und auch sonst keine Unmuts- oder ähnliche Ausbrüche von sich geben darf.»

Schliesslich kam Staatsanwältin Helene Dupont und bat die Parteien hinein. Bei Vater Simic zögerte sie. «Ich glaube», sagte sie, «es ist besser, wenn Sie irgendwo warten. Es mag ein bis zwei Stunden dauern, aber ich möchte nicht, dass Sie bei der Einvernahme des Angeschuldigten dabei sind.» «Gut so», dachte Anna und die beiden Anwälte und Dr. Milosz betraten das Befragungszimmer. Staatsanwältin Dupont begrüsste die Anwälte mit einem freundlichen Handschlag und den Angeschuldigten Milosz mit einem sichtbar noch freundlicheren Händedruck. «Himmel», dachte Anna, «kann sie sich nicht etwas zusammennehmen?» Levi schaute dem Schauspiel mit gerunzelter Stirne zu. Er hatte offenbar zuvor noch nicht bemerkt, was Anna schon länger wusste, nämlich: Zwischen Dupont und Milosz bestand eine besondere Verbindung. Es knisterte geradezu in der Luft.

Staatsanwältin Dupont setzte sich an ihren Platz und die Anwälte und der Angeschuldigte auf die ihnen zugewiesenen Plätze. Eine junge Polizeianwärterin schrieb das Protokoll und überwachte die Tonbandaufnahme. Staatsanwältin Dupont war eine noch recht junge Staatsanwältin, knapp vierzig vielleicht. Sie war gut, wenn auch nicht allzu geschmackvoll gekleidet, und für Anna's Geschmack zu stark geschminkt. Eigentlich ein «No-Go» für die Vertreterinnen des Staates. Auch ihr Parfum, das den Raum im eigentlichen Sinne des Wortes schwängerte, war zu stark. Milosz schnupperte mit Kennernase und bemerkte «Poison von Dior». Anna fragte denn auch als erstes, ob sie das Fenster öffnen dürfe. Sie brauche frische Luft, bei ihr sei eine Erkältung im Anzug.

«Natürlich», antwortete Dupont freundlich. «Machen Sie das bitte Frau Merz?», forderte sie die Polizeiassistentin auf. Dann setzte Dupont zum Sprechen an. «Wie Ihnen mitgeteilt wurde, muss die Einvernahme wiederholt werden, weil es versäumt wurde, den Vertreter der Geschädigten zur Einvernahme einzuladen, obwohl die Geschädigten dieses Recht haben.» «Versäumt wurde», dachte Anna, «sie hatte es versäumt.» «Wir müssen daher also diese Einvernahme wiederholen auf Wunsch von Rechtsanwalt Dr. Levi. Die Fragen sind Ihnen, Herr Milosz, schon bekannt, sie werden sie aber nochmal beantworten müssen. Am Schluss können die Anwälte beider Seiten Zusatzfragen stellen.

Sie wandte sich an Milosz. «Ihre Verteidigerin, Frau Rechtsanwältin Berger Conti, war bei der ersten Einvernahme auch nicht dabei, Herr Dr. Milosz.» Milosz nickte. «Ihre Personalien und Ihre Adresse haben wir ja schon aus den Akten des Verfahrens Kapor, wo Sie als Zeuge einvernommen worden sind. Also können wir gleich in medias res gehen und mit den Fragen zu den Tatvorwürfen beginnen.»

Levi hob die Hand. «Ich glaube, wir haben die Adresse von Dr. Milosz nicht.» Dupont runzelte die Stirn. «Doch, er wohnt an der Scheuchzerstrasse 35 in Zürich, c/o Maria Krasnapolski.» «Das habe ich auch gelesen», fuhr Levi fort, «aber das stimmt nicht, dort ist er nicht angemeldet. Er ist überhaupt nirgendwo angemeldet.» Dupont sah Milosz fragend an. «Was sagen Sie dazu Dr. Milosz?» Milosz lächelte. «Stimmt», sagte er, «ich bin vor kurzem bei Frau Krasnapolski ausgezogen und habe ein Personalzimmer in der Klinik Oberland, wo ich arbeite, gemietet. Ich wollte mich ja anmelden, glaubte aber, die Klinik würde das übernehmen, aber natürlich werde ich das überprüfen und mich morgen um die Anmeldung kümmern.» «Etwas unglücklich ist das», meinte Staatsanwältin Dupont, «doch dann wäre das ja vorerst geklärt.» «Ist es nicht», wandte Rechtsanwalt Levi ein, «er war noch gar nie bei Frau Krasnapolski angemeldet. Ich habe das überprüfen lassen.» «Stimmt nicht», wandte Milosz ein, «ich war bei Frau Krasnapolski angemeldet.» Frau Dupont schaute nun etwas verwirrt zu Anna.

«Nun», bemerkte Anna, selbst überrascht von der unerwartet eingetretenen Situation, «dazu kann ich eigentlich nichts beitragen. Aber, wie mein Klient schon gesagt hat, wird er das morgen umgehend abklären und wir werden Ihnen dann ebenso umgehend die entsprechenden Bestätigungen zukommen lassen. Das Problem sollte sich lösen lassen», sagte Anna – eigentlich wider besseres Wissen. Es war schlecht für Milosz, dass er keine Adresse angeben konnte oder dass er nirgendwo angemeldet war.

«Das genügt mir nicht», warf Levi wieder ein, «Sie alle hier drin wissen, dass es ein Grund für eine Festnahme des Angeschuldigten ist, wenn er keinen festen Wohnsitz nachweisen kann. Das ist das erste Anzeichen für Fluchtgefahr.» Anna wandte ein: «Dafür braucht es aber noch mehr Gründe: Der Angeschuldigte ist sich schon seit längerem des strafrechtlichen Vorwurfes bewusst und auch der damit verbundenen Gefahr und ist nicht geflohen. Er hat eine feste Stelle an der Psychiatrischen Klinik Oberland – alles Gründe, die zeigen, dass er in der Schweiz fest verankert ist und keine Fluchtgefahr besteht. Das Anmeldeproblem werden wir, wie gesagt, überprüfen und lösen.» Anna schaute ihren Klienten an. Die überbordende Freundlichkeit und das Selbstbewusstsein, die sich zuvor in seinem Gesicht abgezeichnet hatte, waren verschwunden. In seinen Augen blinkte Wut. «Hoppla», dachte Anna. Sie schaute ihren Klienten an und flüsterte kurz: «Sagen Sie jetzt einfach nichts bitte, einfach nichts.» Anna befürchtete nicht zu Unrecht, dass ein weiterer Ausbruch wieder in einem antisemitischen Spruch enden könnte.

Am unglücklichsten sah Staatsanwältin Dupont aus. Sie nahm tief Atem und schaute Milosz an. «Wissen Sie Dr. Milosz, Herr Rechtsanwalt Levi hat schon recht, das ist ein Problem. Wenn Sie mir bis morgen Abend keine Anmeldungsbestätigung beibringen können, müsste ich allenfalls eine Verhaftung wegen Fluchtgefahr anordnen. Das möchte ich nicht, aber das soll Ihnen zeigen, wie ernst die Frage ist.» «Aha», dachte Anna, «sie kann's ja.» Dann wandte sich Staatsanwältin Dupont an Rechtsanwalt Levi und fragte: «Sind Sie einverstanden, wenn wir jetzt trotzdem mit der Befragung fortfahren?» «Nicht so schnell, Frau Staatsanwältin. Ich stelle hiermit offiziell den Antrag, es sei der Angeschuldigte in Haft zu nehmen wegen bestehender Fluchtgefahr, namentlich auch in Anbetracht der Schwere des strafrechtlichen Vorwurfes.» Die Polizeiassistentin bekam langsam einen roten Kopf – sie schien völlig überfordert.

Staatsanwältin Dupont, deren Hals ebenfalls rot geworden war, fühlte sich ebenfalls nicht wohl. «Wie ich Ihnen bereits erklärt habe, Herr Kollege Levi, werde ich diese Frage morgen Abend entscheiden. Jetzt möchte ich mit der Befragung fortfahren.» «Dann stelle ich zusätzlich den Antrag», fuhr Levi unbeirrt fort, «den Fall zu sistieren und teile Ihnen, Frau Staatsanwältin Dupont, mit, dass ich gegen Sie ein Ausstandsbegehren wegen Befangenheit stelle. Bis dieses behandelt ist, muss die Einvernahme eh sistiert werden.» «Na», dachte Anna, wer sagt's denn?» Sie wandte sich an ihren Klienten, dessen Gesichtszüge zu entgleisen drohten, und sagte beruhigend: «Herr Dr. Milosz, wir werden dieses Problem lösen. Haben Sie etwas Geduld, nur bis morgen Abend.» Frau Staatsanwältin Dupont sass wie erschlagen hinter ihrem riesigen Pult und schien dahinter irgendwie kleiner zu werden. «Gut», sagte sie, «ich werde über Ihren Antrag um Sistierung entscheiden. Den Befangenheitsantrag müssen Sie schon noch begründen, Herr Rechtsanwalt Levi, sagen wir ebenfalls bis morgen Abend. Bitte verlassen Sie für eine halbe Stunde den Raum.» Die Anwälte und Milosz verliessen den Raum und begaben sich ins Anwaltszimmer. Draussen wartete der Vater von Olga Simic und schaute Levi mit fragenden Augen an. «Kommen Sie», sagte Levi, «wir gehen in einen anderen Raum und ich werde Ihnen erzählen, was passiert ist.»

Nach einer halben Stunde kam Staatsanwältin Dupont etwas gefasster zurück und teilte den Parteien mit, «ich werde die Einvernahme-Verhandlung bis morgen Abend sistieren. Dann wandte sie sich an Anna und Milosz. «Sie werden morgen Ihr Anmeldeproblem angehen und besser lösen. Ich erwarte von Ihnen, Frau Kollegin Berger, dass Sie mir morgen Abend vor 18:00 Uhr den Beleg der Anmeldung gescannt per E-Mail zukommen lassen. Ebenso den Arbeitsvertrag von Dr. Milosz mit der psychiatrischen Klinik Oberland. Sollte beides bis 18:00 Uhr nicht bei mir eingetroffen sein, werde ich über die Anordnung einer Untersuchungshaft entscheiden.»

Der Entscheid war korrekt, doch niemand schaute besonders glücklich, ganz besonders Levi nicht. Er schaute Milosz an und fragte: «Sind Sie überhaupt der, der Sie vorgeben zu sein?» Aus Milosz' Augen sprühten Funken. Er murmelte etwas wie «glupyy yevrey». Anna schaute Milosz fragend an. «Nur ein polnischer Unmutsausruf», beantwortete dieser die stumm gestellte Frage. «Das war nicht polnisch, das war russisch, so etwas wie ‹blöder Jude›, hielt Levi in hartem Ton fest. Wiederum schaute Anna Milosz fragend an. Der schüttelte nur den Kopf und meinte: «Das muss Rechtsanwalt Levi falsch verstanden haben».

Als sie schliesslich draussen waren, machte Anna Milosz den Vorschlag, nochmals ins selbe Café zu gehen, in welchem sie vor der Einvernahme Kaffee getrunken hatten. Unwillig kam Milosz mit. «Schauen Sie Herr Milosz, Sie müssen bis morgen das mit der Anmeldung in Ordnung bringen. Es sollte doch nicht so schwierig sein, sich in Hinwil, wo sich die Klinik Oberland befindet, anzumelden. Wenn Sie wollen, kann ich Ihnen meinen Assistenten schicken, der Ihnen dabei behilflich sein wird. Sie müssen Ihren Pass, die bisherige Anmeldung oder eine Bestätigung, dass Sie bei Frau Krasnapolski oder wo auch immer gewohnt haben, mitnehmen und mir dann, zumindest eine Anmeldung oder die Bestätigung derselben zukommen lassen. Sie haben's gehört. Ich muss diese Unterlagen scannen und Staatsanwältin Dupont bis 18:00 Uhr schicken. Tun Sie das bitte, sonst haben wir morgen Abend ein grösseres Problem. Und noch was», fügte Anna hinzu. «Ich habe Ihnen schon gesagt, dass ich solch antisemitische Ausfälle nicht akzeptiere, genauer, ich werde das Mandat niederlegen, wenn das nochmals geschieht. Das wäre ein Nachteil für Sie. Ich habe Ihnen doch mitgeteilt, glaube ich, dass ich für Sie eine Einstellung oder einen Freispruch erreichen könnte. Gut, andere Anwälte können das wahrscheinlich auch. Aber ich denke, auch andere Anwälte goutieren antisemitische oder andere rassistische Sprüche nicht. Ohnehin sollten Sie bei Einvernahmen, beim Staatsanwalt oder vor Gericht, alles unterlassen, was einen schlechten Eindruck machen könnte. «Sind Sie eine Judenfreundin?», fragte Milosz gereizt. «Mal sicher keine Judenfeindin!», antwortete Anna bestimmt. Milosz stand unwirsch auf und verabschiedete sich schon fast unhöflich kühl. Anna schüttelte irritiert den Kopf.

Als er gegangen war, überfiel Anna wieder eine grosse Müdigkeit. Nicht so sehr wegen der Anstrengung, die Verhandlung war ja sistiert worden und hatte auch nur kurz gedauert, sondern vielmehr wegen der Probleme, die sie kommen sah, eher kommen fühlte. Milosz war ihr unheimlich und dieses «blöder Jude» auf Russisch, was sollte das? Sie war sich sicher, dass sich Levi nicht geirrt hatte. Viele Schweizer Juden hatten Wurzeln in Polen oder in Russland und sprachen auch eine der dortigen Sprachen, oder vielleicht, wie Levi, sogar beide. Das Hüsteln, das sie am Morgen schon gespürt hatte, verschlimmerte sich. Anna rief Flavio an: «Sorry Schatz, ich bin wieder völlig erledigt und es ist noch nicht mal Mittag, könntest du mich abholen?»

Kapitel 10   Der verschwundene Klient

Am nächsten Tag versuchte Anna andauernd, Milosz zu erreichen, ohne Erfolg. Schliesslich liess sie sich von ihrem Assistenten nach Hinwil in die Klinik Oberland fahren. Dort teilte man ihr mit, dass Dr. Milosz, entgegen seiner bisherigen Gewohnheit, am Morgen einfach nicht zur Arbeit erschienen sei. Auch habe er offensichtlich in der Nacht sein Zimmer geräumt. Es sehe so aus, als wäre er verschwunden. «Warum wundert mich das nicht?», dachte Anna. Wahrscheinlich hatte Levi auch hier recht gehabt: Milosz war nicht der, der er vorgab zu sein. Zurück in ihrem Büro rief sie Staatsanwältin Dupont an und informierte sie über die Sachlage. Und die schien sich doch tatsächlich auch nicht zu wundern. Sie gab sich noch nicht mal überrascht und meinte lediglich: «Ja nun, dann werde ich ihn wohl zur Verhaftung ausschreiben müssen.»

Am nächsten Tag schrieb Anna der Staatsanwaltschaft zuhanden von Frau Dupont, dass sie das Mandat Milosz mit sofortiger Wirkung niederlege. Sie konnte keinen Klienten verteidigen, der sie anlog und nicht der war, der er zu sein vorgab. Danach war Anna erleichtert. Der ganze Fall, der Klient, alles war ihr unheimlich gewesen. Es ging ihr auch gleich besser.

Anna ging zu Horst Zeltner und erzählte ihm von der Verhandlung vom Vortag und von Milosz' Verschwinden. Zeltner fand, dass sie trotz Mandatsniederlage doch noch herausfinden müsse, wer Milosz wirklich sei. Sie solle doch mal den Kollegen Levi anrufen, der schien ja mehr zu wissen. «Sag ihm, dass du niedergelegt hast und eigentlich trotzdem wissen möchtest, wer der Mann ist, den du für so kurze Zeit verteidigt hast.» Nachdenklich erwiderte Anna: «Ich werde mir das überlegen, aber eigentlich bin ich sehr froh, ihn los zu sein und möchte gar nichts Genaueres mehr über ihn wissen. Der Mann ist eine Mogelpackung, mir war von Anfang an unwohl mit ihm. Erstaunlich, dass nicht schon im Falle Kapor seine Adresse und seine Anmeldung genauer überprüft worden sind. Die sind doch sonst immer so genau mit den Personalien.

Schliesslich rief Anna Kollege Levi an und orientierte ihn über die Flucht von Milosz. Der mokierte sich über ihren «Run-away-Client» und Anna sah dabei sogar am Telefon Levis Lächeln vor sich. «Herr Kollege, was wissen Sie noch über Milosz, was ich nicht weiss?» «Nun, immerhin habe ich herausgefunden, dass er sowohl polnisch als auch russisch kann. Ich habe meine Kontakte in Polen spielen lassen und heute die Nachricht erhalten, dass der richtige Dr. Jan Milosz vor zweieinhalb Jahren gestorben ist. Das heisst, Ihr Dr. Milosz ist nicht der wahre Dr. Milosz. Er verschweigt nicht nur seine wahre Identität, er hat sogar eine andere gestohlen. Das sieht mir doch nach einer ziemlich gefälschten Person aus – ein Agent vielleicht?» «Konnten Sie auch gleich herausfinden, wer er dann in Wahrheit ist?» «Ich bin dran, aber, wer er auch immer ist, er macht keinen vertrauenswürdigen Eindruck. Ich weiss nicht mal, ob er überhaupt Psychiater ist.» «Das würde seine Fehlleistung im Fall Kapor erklären», meinte Anna. «Muss nicht sein, Frau Kollegin, ich habe auch schon Fehlleistungen echter Psychiater erlebt und Sie sicher auch.» «Natürlich», antwortete Anna und dacht an den Fall ihrer Mutter. «Dennoch, Herr Kollege, ist mir das Ganze irgendwie unheimlich. Er wird sich jetzt irgendwie enttarnt fühlen und diese

Enttarnung wird er Ihnen übelnehmen. Das macht ihn für Sie – oder vielleicht gar für uns beide – gefährlich. Vor allem, wenn er wirklich ein russischer Spion sein sollte? Seit dem Angriffskrieg in der Ukraine ist es ja für Russen schwierig geworden, in der Schweiz Boden zu fassen. Mir gefällt die ganze Sache gar nicht.» «Mir ja auch nicht Frau Kollegin, ich glaube aber nicht, dass unser Dr. Milosz gefährlich ist, machen Sie sich da mal nicht verrückt.»

«Meinen Sie? Haben Sie nicht gesehen, wie er Sie angeschaut hat, als er sein russisches ‹blöder Jude› von sich gegeben hat? Ich hatte schon vorher gemerkt, dass er Antisemit ist. Das ist heute leider nicht aussergewöhnlich, trotz der Gräuel im letzten Weltkrieg.» «Tja, damit müssen wir Juden schon lange leben», antwortete Levi. «Stimmt», meinte Anna, «und ich bedauere das sehr. Im Grunde genommen muss ich mich für meinen Klienten entschuldigen.» «Aber Frau Kollegin, ich weiss doch, dass Sie nicht so denken. Sie sind da doch ganz anders gestrickt. Wir können für unsere Klienten nichts. Wenn Sie einen Mörder verteidigen, werden Sie ja noch lange nicht zur Mörderin.» «Der Spruch könnte von mir sein», antworte Anna schmunzelnd. ‹Teilen Sie mir dennoch bitte mit, falls Sie etwas Neues herausfinden über meinen Klienten – besser gesagt, meinen ehemaligen Klienten. Ich werde ihn nicht mehr verteidigen, auch nicht, wenn er zurückkommt.» «Verständlich Frau Kollegin, doch so wie die Sache gelaufen ist, glaube ich nicht, dass Milosz zurückkommt, wo auch immer er sich jetzt befindet.» «Vielleicht ist er bei Frau Staatsanwältin Dupont», rutschte es Anna heraus. Levi lachte laut auf. «Ja, vielleicht sollten wir dort mal nachschauen», meinte er listig.

Das Gespräch mit Rechtsanwalt Levi hatte Anna amüsiert, aber nicht beruhigt. Dr. Milosz war nicht der echte Dr. Milosz, was sie eigentlich schon vermutet hatte – aber wer war er dann? Sollte sie sich darüber noch Gedanken machen? Vielleicht nicht, aber sie konnte das halt nicht lassen. Dazu war sie dann doch wieder zu neugierig. Zurück in ihrem Büro suchte sie wieder Horst Zeltner auf und erzählte ihm von den neusten Erkenntnissen in Sachen Milosz. «So was habe ich noch nie erlebt», meinte Zeltner, «und es gefällt mir nicht. Ich habe ein schlechtes Gewissen, dass ich dir diesen falschen Dr. Milosz vermittelt und dich damit möglicherweise noch in Gefahr gebracht habe.» «Das musst du nicht haben Horst – wer konnte denn so was schon voraussehen?»

Anna beschloss, den Tag abzukürzen, nach Hause zu fahren und die letzten spätsommerlichen Tage noch im Garten zu geniessen.

Kapitel 11 Trügerische Ruhe

Anna arbeitete weiterhin mit reduziertem Tempo – ihrem gesunkenen Energielevel entsprechend. Es ging nicht anders, sie musste Kräfte sparen, bis die Langzeitfolgen des Covid hoffentlich doch noch von selbst verschwinden würden. Sie liess sich von Flavio und ihrer Mutter verwöhnen. Ihre Mutter war, seit sie bei ihnen in Thalwil wohnte, richtig aufgeblüht. Da Anna nicht die Energie hatte, sich um den Verkauf des Hauses in Zollikon zu kümmern, hatte Flavio diese Aufgabe angepackt. Damit war allerdings das Problem noch nicht gelöst, ob Annas Mutter weiterhin beim ihnen in Thalwil wohnen könnte. Klar, dass sie das wollte: Sie genoss es bei ihrer Tochter, ihrem Schwiegersohn und ihren Enkelinnen zu sein – nur Anna genoss das nicht immer. Sie fühlte sich wieder wie die behütete Tochter. Täglich fragte ihre Mutter sie mehrmals besorgt: «Wie geht es dir? Du siehst müde aus.» Als ob sie das nicht gewusst hätte. Sie fühlte sich dadurch ständig etwas beobachtet und unfrei. Auf der anderen Seite war ihre Mutter jetzt auch eine Hilfe im Haus. Sie konnte wieder laufen, wenn auch mit einem komischen Stock, mit dem sie neuerdings sogar die Treppe bewältigen konnte. Anna hatte den Verdacht, dass sie das nur so schnell gelernt hatte, um möglichst bei ihnen bleiben zu können. Sie wusste, wie schlau ihre Mutter war.

Von Milosz oder vom falschen Milosz hatte sie schon längere Zeit nichts mehr gehört – und das war ihr ganz recht so. Hoffentlich würde das so bleiben. Ein paar andere, kleinere

Fälle hielten sie moderat beschäftigt und sie konnte doch täglich etwa fünf Stunden im Büro verbringen und sogar hin- und zurückfahren. Mit der Energie war es also doch etwas besser geworden. Aber im Vergleich zu ihrem energiegeladenen Selbst von vorher war das nichts.

Für Anna war es eine ruhige und harmonische Phase. Sie verbrachte viel Zeit zu Hause, wenn möglich im Garten, las Bücher, die sie schon lange hatte lesen wollen und schlief viel. Abends kam sie nie mehr zu spät zum Essen nach Hause, war im Gegenteil schon zum Aperitif zu Hause. Dies alles tat dem Familienleben gut. Sie hatte wieder angefangen, moderat zu trainieren, aber viel lag da noch nicht drin. Dafür ging sie etwas mehr zum Friseur und manchmal auch zur Kosmetikerin. Vor dem Spiegel fand sie, dass sie eigentlich für eine Frau von Mitte fünfzig gut aussah, auch wenn die Fältchen um die Augen etwas akzentuierter geworden waren. Sie wusste, dass das richtige Alter näherkam, doch daran mochte sie eigentlich gar nicht denken. Ihre Mutter war ihr, von ihrem Sturz mal abgesehen, eigentlich ein gutes Vorbild: Noch immer sehr wach und dynamisch im Geist, schlank, rank und attraktiv. Anna hatte offenbar nicht die weissen Haare ihrer Mutter geerbt, ihre dunklen Haare waren noch immer frei von grau und weiss, da tendierte sie mehr auf die Seite ihres Vaters, obwohl der nach siebzig keine Haare mehr gehabt hatte. Aber dieses Risiko hatten Frauen weniger.

Ein Vorteil ihrer eingeschränkten Fitness war nicht nur, dass sie mehr zu Hause war, sondern auch, dass sie mehr Zeit für ihre Töchter hatte: Für grosse Diskussionen über persönliche und über Gegenwartsprobleme.

Kürzlich war Mirjam völlig verstört nach Hause gekommen und hatte sich sofort in ihr Zimmer zurückgezogen.

Nach einer Stunde ging Anna zu ihr nach oben, klopfte, trat ein und sah ihre Tochter mit verweinten Augen auf ihrem Bett liegen. «Aber Schatz, was ist denn los?», fragte Anna ihre Tochter. Die schluckte. «Ich habe mit Sven Schluss gemacht.» «Aha, warum das denn?», fragte Anna erstaunt. «Am letzten Sonntag wart ihr noch so verliebt, wie es schien. Was hat sich da geändert? Willst du es mir sagen?» Mirjam schluckte wieder: «Ja, am letzten Sonntag war auch noch alles in Ordnung. So sehr in Ordnung, dass ich mir am Montag Verhütungsmittel besorgte habe, weil wir daran gedacht hatten – na ja, du weisst schon woran.» Anna schaute Mirjam verständnisvoll an, schliesslich war ihre jüngere Tochter auch schon über zwanzig und handelte immerhin verantwortungsvoll, wenn sie Verhütungsmittel kaufte. Denn zu früh wollte sie eigentlich nicht Grossmutter werden.

«Und was ist dann passiert?» Mirjam schluckte und schwieg eine Zeit lang. «Weisst du, gestern wollten wir es eigentlich versuchen und ich war auch bereit dazu. Aber dann fragte er, ob ich vielleicht eine Einwilligung zum Sex unterzeichnen würde.» Mirjam weinte wieder. Anna runzelte die Stirn. Das war mal ein neues Problem in ihrem Haus. Verständnisvoll, wie es sich für eine ins Vertrauen gezogene Mutter gehörte, sagte sie: «Darüber hatten wir ja schon mal gesprochen, als diese Problematik in unserem Parlament diskutiert wurde – die ‹Ja ist Ja›- oder die ‹Nein ist Nein›-Lösung. Die ‹Nein ist Nein›-Lösung wurde bevorzugt. Weisst du, wir haben noch gelacht auf meine Bemerkung hin, dass ich nicht glaube, dass unsere Parlamentarier etwas von Sex verstehen würden.» «Ja», sagte Mirjam, «ich erinnere mich daran und ich habe mich vor allem gestern daran erinnert, als Sven mit mir diese Einwilligungserklärung diskutieren wollte. Plötzlich war jede Lust weg.»

Anna strich ihrer Tochter über den Kopf. «Ja, das ist schwierig, was ist bloss mit unserer Welt los? Was ist bloss mit den jungen Männern geschehen? Aber weisst du, die sind ja voll unter Druck gekommen. Die haben heute schnell mal Angst – und wenn du die Fälle aus der Me-Too-Bewegung genauer anschaust, dann ist das gar nicht unverständlich. Diese Entwicklung hat doch vielen Männern ihre Unbeschwertheit genommen – und den Frauen auch.» «Aber wie konnte Sven annehmen, dass ich ihn in eine kompromittierende Situation bringen könnte? Er sollte mich doch besser kennen.» «Das weiss man vorher nie», antwortete Anna. «Wie hat Sven reagiert, als du plötzlich nicht mehr wolltest?» «Er war völlig verstört und sagte, heutzutage müsse man über die Einwilligung reden. Mag schon sein, aber ich will das nicht. Ich finde das zerstört jedes Gefühl, jede Lust. Zurzeit haben wir jedenfalls Funkstille.»

«Nun, vielleicht redet ihr später nochmals darüber, wenn sich die Wogen wieder geglättet haben. Da ist doch einfach einiges schiefgelaufen. Allerdings hätte er früher anfangen müssen, darüber zu reden. Wenn man schon fast im Bett ist, ist es schon etwas spät. Das zeigt auch, wie verunsichert Sven ist – und auch, wie wenig Erfahrung er hat, was ja nicht so schlecht ist.» Anna lächelte Mirjam nun an und Mirjam lächelte zögerlich zurück.

«Komm jetzt Liebling, gehen wir runter und trinken was. Es ist wieder wärmer geworden und auf der Terrasse lässt es sich besser leiden», schlug Anna vor.

Am Abend sprach Anna mit Flavio über Mirjams Problem. Flavio schüttelte den Kopf. «Da hatten wir es schon noch leichter früher. Wie hat sich doch alles verkompliziert. Arme Mirjam.» «Ja, da wird sie ihren Weg finden müssen. Immerhin kann sie darüber reden. Ich kann mir nicht vorstellen, dass ich mit meiner Mutter über ein solches Thema hätte reden können damals.» «Ach, ich weiss nicht, deine Mutter macht mir einen vernünftigen und modernen Eindruck», bemerkte Flavio. «Ja, heute; früher aber war sie eher konservativ, gar puritanisch, nicht so schlimm wie mein Vater, aber immerhin.»

«Wie ist es denn bei Sandra verlaufen?», wollte Flavio wissen. «Das weiss ich nicht, ich habe sie nie gefragt. Da müssen die Kinder schon selbst kommen, das ist sehr persönlich und wir haben es eigentlich immer so gehalten, dass wir die Persönlichkeit und die Privatsphäre unserer Töchter respektieren. Aber ich glaube, dass Sandra da weniger Probleme hatte mit Ken – die gehen sehr sorglos und unkompliziert miteinander um.»

Kapitel 12   Wolken am Horizont

Die Tage vergingen ruhig. Als Anna eines Morgens in ihr Büro kam, teilte ihr Astrid, ihre Sekretärin, mit, sie möge Rechtsanwalt Levi zurückrufen. Anna tat dies mit einem unguten Gefühl. Levi nahm sofort selbst ab und teilte einer erstaunten Anna mit, dass der verstorbene Dr. Milosz jahrelang einen Psychiatriepfleger angestellt hatte, der nach seinem Tod verschwunden sei, wahrscheinlich mit den Zeugnissen und Papieren von Dr. Milosz. Dieser Psychiatriepfleger sei Polen-Russe gewesen, was ja zu Dr. Milosz' Sprachkenntnissen passen würde. Es würde auch erklären, warum Milosz doch ein gutes Grundwissen in Psychiatrie hatte. Der Psychiatriepfleger hiess Boris Zaizev, war ungefähr gleich alt gewesen wie Dr. Milosz, der früh an einer Krebserkrankung gestorben war. Zaizev würde also Mitte fünfzig sein. Er, Levi, habe sich bemüht, Fotos von Zaizev zu bekommen, das sei ihm aber noch nicht gelungen. «Haben Sie eine Ahnung, wo sich dieser Zaizev jetzt aufhält?», fragte Anna. «Leider nein», antwortete Levi, «ich denke auch nicht, dass er wieder in der Schweiz auftauchen wird.» «Hoffen wir das mal», meinte Anna und bedankte sich bei Levi für die Neuigkeiten.

Anschliessend diskutierte sie das Telefonat mit Kollege Zeltner. «Was meinst du, Horst, bin ich irgendwie in Gefahr?» «Warum solltest du das sein?», antwortete er, «du hast ja nichts gegen diesen Zaizev unternommen. Wenn schon, wäre Levi in Gefahr. Er hat Milosz ausspioniert und ihn blossgestellt.»

«Schon», bemerkte Anna und schaute nachdenklich aus dem Fenster auf den See. Dann schwieg sie einen Augenblick. «Woran denkst du?», fragte Zeltner. «Weisst du, ich denke an den Ausdruck in den Augen von Milosz, als Levi fragte ‹Sind Sie der, der Sie vorgeben zu sein?› In seinen Augen war Wut, Angst und Hass, eine gefährliche Kombination. Ja, und ich habe diese Frage ja auch gehört.» «Staatsanwältin Dupont hat's auch gehört», fügte Zeltner an. «Sie ist sicher nicht in Gefahr», lachte Anna auf. «Jedenfalls glaube ich das nicht, so wie sich Milosz und Dupont angehimmelt haben. Anders bei Levi und mir. Sollte Milosz wirklich, was Levi annimmt, eine Art Geheimagent sein? Ein Identitätsdieb ist er gewiss.» «Bist du sicher, dass du nicht zu viele Spionageromane gelesen hast?», spottete Horst. «Ich habe noch nie Spionageromane gelesen, höchstens James-Bond-Filme gesehen», antwortete Anna indigniert.»

Auf dem Gang kam ihr Astrid entgegen: «Bevor ich es vergesse: Es hat jemand für Sie angerufen, der seinen Namen nicht nennen wollte. Er will es noch einmal versuchen.» «War es ein Klient?» «Das weiss ich nicht, aber es war sicher ein Mann. Er sprach mit einem östlichen Akzent.» «Danke Astrid.» Und Anna begab sich nachdenklich in ihr Büro.

Als sie am Abend nach Hause kam, meinte ihre Mutter zu ihr: «Kind, du bekommst Sorgenfalten.» «Aber nein», antwortete Anna, «das sind höchstens Denkerfalten und ganz ohne Falten geht es im Leben wohl nicht ab.»

«Was stimmt dich denn so nachdenklich?», fragte Flavio, der soeben von seinem Arbeitsplatz im unteren Stock heraufgekommen war. «Erzähl ich dir später.» Am Abend – die Töchter waren ausgegangen und die Mutter hatte sich zurückgezogen – erzählte sie Flavio die ganze Geschichte. Flavio hörte gut zu und meinte schliesslich: «Na und, es scheint, dass Levi mit seinem Verdacht recht hatte.» «Eben», meinte Anna, «Milosz ist ein falscher Fuffziger.» «Wohl eher ein falscher Rubel oder ein falscher Zloty», bemerkte Flavio. «So schlimm ist das aber meiner Meinung nach nicht. Es ist dir eben noch nie passiert.» «Du weisst, dass ich mit meinem sechsten Sinn oft richtig liege – mit meinem Gefühl nahenden Unheils.» «Ja, aber ist dieses Gefühl nicht auch getrübt durch deine enorme Müdigkeit?» «Das glaube ich nicht», antwortete Anna, «aber ich hoffe, dass ich Unrecht habe.»

Kapitel 13 Stalking

Anna schaute in den Rückspiegel. Sie war auf dem Weg in ihre Kanzlei. Die ganze Geschichte Milosz-Zaizev-Levi hatte ihr nicht gutgetan. Sie war doch sonst nicht so ängstlich. Da war niemand hinter ihr, kein Auto, das ihr folgte. Punkt. Fertig.

Natürlich hatte Anna – wie wohl alle im Strafrecht tätigen Rechtsanwälte – schlechte Erfahrungen mit Belästigungen von Stalkern gemacht. Wie schnell wurde der Verteidiger in das Feindbild des Verteidigten miteinbezogen. Sie wurden zum Beispiel von der Gegenseite oder von deren Verwandten angerempelt, beschimpft und ähnliches mehr. Vor kurzem hatte sie den Nachruf auf einen sehr bekannten lokalen Anwalt gelesen, in dem stand, dass er ausserordentlich an seinem Beruf gelitten habe, vor allem deshalb, weil er jahrelang einen umstrittenen Klienten verteidigt hatte. Nicht nur sein Klient war in der Öffentlichkeit mit Dreck beworfen worden, sondern auch er – und das jahrelang. Das waren Anwaltsrisiken. Wer immer nur geliebt werden will, sollte wohl nicht Anwalt werden. Anna kannte solche Probleme. Sie hatte bisher allerdings Glück gehabt. Nur zwei in den Medien bekannt gewordene Fälle hatten zu öffentlichen Anfeindungen geführt, vor allem über das Internet. «Shitstorms» sagt man dem heute. Doch Anna war nicht in den sozialen Medien aktiv – und das war auch klug. Gewisse Leute kannten allerdings gar nichts. Anwälte brauchten manchmal schon eine dicke Haut.

Im Fall Milosz hatte sie Bedenken. Ein Russe in der Schweiz mit unklarem Russen-, möglicherweise Spionagebezug – in einer Zeit, in der Russland Krieg führte und die Russen in der Schweiz wohl einen schweren Stand hatten – das war nicht gut. Anna war sich der Anwaltsrisiken heute mehr bewusst als früher. Als frisch gebackene Anwältin hatte sie jeden Fall übernommen, den sie juristisch interessant fand. Seit einigen Jahren jedoch war sie deutlich vorsichtiger geworden. Besonders Fälle von hohem Medieninteresse nahm sie nur noch selten an. Der letzte war der Fall Linard gewesen, der von den Medien her für sie noch einigermassen glimpflich abgelaufen war. Den Fall Milosz hätte sie freiwillig nicht übernommen. Eine Verteidigung von Kapor schon gar nicht. Eine Anwältin musste sich heute schon gut überlegen, wieviel persönlichen Ärger sie sich einhandeln wollten. Dies galt umso mehr, wenn eine Anwältin noch eine Familie hatte.

Einer ihrer bisher zwei Stalker hatte sie offenbar jahrelang verfolgt, ohne dass sie es bemerkt hatte. Sie hatte ihn nicht mal persönlich gekannt, ja überhaupt noch nie gesehen. Der Fall, den er ihr übel nahm, hatte seine Frau betroffen und nicht etwa ihn. Vor vier Jahren hatte er sie – ausgerechnet vor dem Eingang zu Mirjams Schule – abgepasst. Er beschimpfte sie aufs Übelste und wollte wissen, ob ein Kind von ihr hier in diese Schule gehen würde. Sie war zuerst völlig perplex gewesen und glaubte an eine Verwechslung. War es aber nicht. Wie sich herausstellte, hatte er ihr «die Ungerechtigkeit, die seiner Frau angetan worden war», nie vergessen oder gar vergeben. Der Fall lag damals allerdings schon fünf Jahre zurück. Anna würde nie den fanatischen Hass in seinem Gesicht vergessen – er geiferte fast. Von Beruf war der Mann – es war kaum zu glauben – ein Pfarrer. Ein christlicher Pfarrer mit einem unchristlichen Hass in seiner Pfarrerbrust. Horst hatte sie damals schon vertreten und ein Rayon- und Kontaktverbot des Pfarrers gegenüber ihr und ihrer Familie erwirkt. Danach hatte der Pfarrer Ruhe gegeben, doch sicher fühlte sich Anna nicht – vielleicht würde er immer wieder kommen. Mit einem Hass, der nie aufhörte und immer wieder hochkam, war nicht zu scherzen. Immerhin hatte Horst damals keine Vereinbarung mit ihr machen wollen – im Sinne von: Den nächsten mich stalkenden Pfarrer übernimmst du. Es war danach auch keiner mehr gekommen.

Nun, wenn ein Pfarrer sie stalken konnte, konnte es ein Psychiater auch – ein falscher ohnehin. Weniger aus Hass als aus Angst, dass seine Geheimnisse, wie auch immer diese aussahen, gelüftet werden könnten. Wahrscheinlich würde Milosz herausfinden, dass man seine wahre Identität gesucht und gefunden hatte. Auch das war nicht gut. Aber wahrscheinlich hatten Flavio und Horst Zeltner auch recht darin, dass sie sich unnötig Sorgen machte. Sie wünschte sich, dass sie recht hatten.

Anna nahm sich vor, mit Staatsanwalt Fried zu sprechen. Zwischen ihr und Staatsanwalt Fried hatte sich im Laufe der Jahre ein interessanter fachlicher Austausch entwickelt. Sie hatten sich in einem «Me Too» gelagerten Fall, dem Fall Linard, kennengelernt. Damals war auch Fried unter Mediendruck geraten – und er hatte den Fall dennoch eingestellt. Danach hatten Fried und sie ab und zu andere Problemfälle besprochen. Sie schätzten sich, ohne richtig befreundet zu sein. Eine Freundschaft zwischen Verteidigerin und Staatsanwalt war nicht unproblematisch. Darum hatten sie seither an keinem Fall mehr gemeinsam gearbeitet – und würden dies aus Unabhängigkeitsgründen auch in Zukunft nicht tun. Das ermöglichte es beiden, den Erfahrungsaustausch weiterzuführen. Anna wollte von Fried seine Meinung zu diesem Fall hören. Auch glaubte sie, dass Fried, der mittlerweile zum leitenden Staatsanwalt befördert worden war, von der höchst seltsamen Beziehung zwischen Staatsanwältin Dupont und ihrem Klienten erfahren musste, wenn er nicht schon davon gehört hatte.

In Gedanken versunken kam Anna in ihrer Kanzlei an. Sie war heute später als sonst. Das erlaubte sie sich jetzt in der Zeit, wo sie gesundheitlich nicht ganz auf der Höhe war. Flavio hatte heute Morgen die Idee gehabt, sie könnten doch für eine Woche ins Engadin fahren. Im Herbst waren die Farben der Lärchenwälder besonders schön und zum Engadin, namentlich zum Unterengadin mit dem regionalen Hauptort Scuol, hatten sie seit dem Fall Linard eine besondere Beziehung. Gian Cla Linard war von Scuol gewesen. Er hatte die Polemik um seinen Fall, die soziale Ausgrenzung und die Angst vor den Folgen nicht überstanden. Nun lag er in Scuol unterhalb der schönen, auf einem Felsen gelegenen Kirche begraben. Damals hatte sie Linards Mutter kennen gelernt und es hatte sich eine schöne Freundschaft ergeben. Linards Mutter wohnte noch im Familienhaus, einem alten Engadinerhaus mit dicken Wänden aus dem 17. Jahrhundert. Das Haus war voller unbequemer Steintreppen und Maria Linard war ihrerseits auch schon in den Achtzigern. Zum Glück hatte Maria Linard im unteren Stock ein Gästezimmer, nein, nicht für Anna und Flavio, sondern für Annas Mutter. Annas Mutter und Maria Linard verstanden sich bestens. Zwei kluge, herzliche alte Damen. Flavio hatte den Vorschlag gemacht, Mutter Berger bei Maria Linard unterzubringen und sie zwei könnten ein Zimmer im nahen Hotel Guarda Val mieten. Anna gefiel die Idee. Ein paar ruhige Herbsttage in der guten Unterengadiner Luft würden ihr guttun. Auch war sie beruflich mit Arbeit zurzeit nicht überlastet – aus gutem Grund. Sie würde Flavio heute Abend mitteilen, dass sie sehr gerne mit ins Engadin kommen würde.

Im Büro angekommen, meldete ihr Astrid wieder einen Anruf von dem Mann, der vor kurzem schon angerufen hatte und seinen Namen nicht sagen wollte. Wiederum überkam Anna ein schlechtes Gefühl. Was sollte das? «Astrid, wenn ich das nächste Mal wieder nicht da sein sollte, stell diesen anonymen Anrufer doch zu Horst durch.» Daraufhin ging sie ins Büro von Horst und erzählte ihm von den mysteriösen Anrufen. «Nun», meinte Horst, «der Mann wird mir seinen Namen wohl auch nicht sagen.» «Ach, bei deinen detektivischen Fähigkeiten findest du das doch raus!», spottete Anna und ging in ihr eigenes Büro.

Der Rest des Tages verlief ruhig. Abends teilte sie Flavio mit, einverstanden zu sein mit einer Woche Engadin. «Hast du schon mit Maria Linard wegen meiner Mutter gesprochen?» Flavio strahlte: «Na ja, ich habe es ihr mal angetönt und sie hat sich aufrichtig gefreut. Auch deine Mutter freut sich sehr.» «Aha, ihr habt darüber geredet, ohne mir etwas zu sagen», bemerkte Anna lächelnd. «Na, dann gleis diese Reise mal auf!»

Kapitel 14 Rechtsanwalt Levi und sein Klient

Rechtsanwalt Daniel Levi sass im Sitzungszimmer seiner Kanzlei. Ihm gegenüber sass sein Klient, der Vater von Olga Simic, Miroslav Simic. «Ich möchte, dass dieser Dr. Milosz bestraft wird!», betonte Miroslav Simic einmal mehr. «Er hat einen wichtigen Anteil am Tod meiner Tochter und dass er geflohen ist, ist wohl ein Schuldeingeständnis.» «Das glaube ich nicht», antwortete Rechtsanwalt Levi, «Milosz ist geflohen, weil er ertappt worden ist. Er hatte sich mit falschen Zeugnissen – überhaupt mit falschen Papieren – in der Schweiz niedergelassen und ist damit, wenigstens bis vor kurzem, durchgekommen. Er wäre auch länger damit durchgekommen, wenn ihn dieses Verfahren nicht eingeholt hätte. Warum Milosz mit falschen Papieren in der Schweiz weilte, wissen wir nicht. Ich habe eine Anfrage beim Nachrichtendienst des Bundes gestellt, aber bisher keine Antwort erhalten. Wenn er wirklich russisch-polnischer Doppelbürger ist, ist er möglicherweise auch ein Spion. Wir wissen es nicht. Aber all dies hat mit dem Mord an Ihrer Tochter nichts zu tun. Da kommen Dinge zusammen, die nicht zusammengehören.»

«Aber ich will Gerechtigkeit für meine Tochter. Ohne Milosz wäre Kapor nicht freigekommen und wäre daher kaum in der Lage gewesen, Olga zu ermorden.» Levi seufzte. Die Diskussion dauerte nun schon länger und mit einem emotionalen Klienten zu diskutieren, war schwierig. Ein Teil anwaltlicher Arbeit, gerade bei Strafprozessen, bestand in psychologischer Betreuung, im Erklären und Beruhigen von Klienten.

«Herr Simic, ich habe Ihnen versprochen, dass Kapor verurteilt wird. Er hat die in der Schweiz längstmögliche Strafe bekommen, nämlich lebenslänglich. Er ist der Haupttäter, und nicht Milosz oder wie auch immer der heisst. Milosz haben wir angezeigt wegen Beihilfe zu Mord. Die Anzeige war sogar recht erfolgreich, wurde sie doch schliesslich anhand genommen und es kam zu einer Einvernahme, das heisst, es wäre fast zu einer Einvernahme gekommen. Die Strafanzeige bleibt weiterhin bestehen und Milosz ist zur Verhaftung ausgeschrieben. Dennoch: Ich habe ihnen bereits erklärt, dass ich Milosz nicht der vorsätzlichen Beihilfe zu Mord für schuldig halte. Objektiv hat er wohl einen sehr wichtigen Beitrag geleistet, subjektiv bezweifle ich das. Da hatte Kollegin Berger schon recht: Man kann in einem so komplizierten Fall nicht schnell den Notfall-Tagespsychiater beiziehen und ihn haftbar machen für eine Antwort, die für sich allein nicht dafür hätte massgebend sein dürfen, Kapor freizulassen. Die Polizei hätte sich selbst noch einige Überlegungen machen müssen, hat sie aber nicht. Die zuständigen Polizeibeamten haben wir nicht angezeigt, obwohl auch sie einen Beitrag zur Ermordung Ihrer Tochter geleistet haben. Dennoch: Sollte Dr. Milosz zurückkommen, werde ich natürlich das Verfahren gegen ihn weiterführen. Nur, so sieht es im Augenblick aber nicht aus. Und wissen Sie, das mit der Gerechtigkeit ist so eine Sache. Ich glaube, dass im Fall Kapor das Recht gesiegt hat, nicht aber die Gerechtigkeit. Ganz einfach, weil es sie nicht gibt. Keine Strafe der Welt bringt Ihnen Ihre Tochter zurück. Gerechtigkeit kann man bestenfalls anstreben, aber man kann sie nur selten erreichen, wenn überhaupt. Das ist frustrierend, ich weiss, aber meines Erachtens nicht zu ändern.»

Miroslav Simic liefen einmal mehr die Tränen über die Wangen. «Ich fühle mich so hilflos», klagte er. «Meine Frau Ina und ich sind seit Olgas brutalem Tod am Boden zerstört. Sie war doch unsere Kleine, unsere Jüngste, ein strahlendes Kind, eine begabte Schülerin und Studentin, eine hervorragende Ärztin, eine liebe Tochter, eine liebe Schwester – und jetzt das.»

«Ja, das ist furchtbar», antwortete Levi. «Das ist ein furchtbares Problem und nicht zu lösen. Die Opfer leiden und können überhaupt nichts dafür. Indem man die Täter wegsperrt, verhindert man in vielen Fällen eine Wiederholung der Tat, aber auch das hilft den Opfern oder den Opferangehörigen letztlich nicht. Dennoch, Herr Simic, Ihr Leben geht weiter. Sie sind und waren ein gesegneter Vater mit drei wunderbaren Töchtern, Sie haben immer noch zwei wunderbare Töchter – vergessen Sie das ob allem Elend nicht. Das mindert die Trauer zwar nicht, aber es könnte Sie von der Trauer etwas ablenken.»

Simic runzelte die Stirn und schwieg. «Wie machen Sie das eigentlich», fragte Simic dann nach ein paar Minuten, ohne Vorwarnung das Thema wechselnd, «mit solch antisemitischen Anrempelungen, wie der von Milosz?» Levi seufzte – schon wieder so eine Frage. «Nun, da habe ich schon Schlimmeres erlebt, nicht nur ich, alle Juden. Antisemitismus scheint ein nicht auszurottendes Virus zu sein. Sie finden es überall und immer. Schon seit vielen hundert Jahren. Wie oft habe ich geglaubt, dass Gottes auserwähltes Volk eigentlich sein verdammtes Volk ist. Viele meiner Vorfahren starben, gerade in Polen, in einem der vielen Konzentrationslager. Mein Familienstamm der Levis ist heute deshalb so klein, weil so viele Levis in Auschwitz ermordet worden sind. Damit umzugehen ist nicht einfach und sich dann jeweils noch zusätzlich als Jude beleidigen zu lassen, ist sehr schwierig. Ich bin kein besonders religiöser Jude, ich trage auch – ausser an Feiertagen – keine Kippa. Aber wenn ich sie trage, ist die Chance, angerempelt zu werden, besonders gross. Mit den Juden ist es ein wenig wie mit dem ‹Frau am Steuer›-Phänomen: Sie können im Strassenverkehr 100 Idioten vor sich haben, aber wenn eine Frau am Steuer sitzt, heisst es ‹typisch Frau am Steuer›. Mit den Juden ist es ähnlich, nur schlimmer – und nicht nur im Strassenverkehr. Ich glaube, das wird immer so sein. Meine Grossmutter war Polin, sie hat überlebt. Darum hat ja auch meine Mutter überlebt. Von ihr habe ich Polnisch gelernt. Russisch habe ich im Selbststudium gelernt. Darum konnte ich unterscheiden zwischen Russisch und Polnisch. Ich konnte erkennen, dass der Fluch von Milosz russisch und nicht polnisch war.» Simic, der die Geschichte kannte, hörte schweigend zu. «So hat wohl jeder sein Schicksal zu tragen», meinte er. Levi nickte. Dann stand er auf und teilte Simic mit: «Sobald sich etwas Neues ergibt, werde ich Sie benachrichtigen. Jetzt muss ich mich aber wirklich noch mit einem anderen Fall befassen.» Er verabschiedete sich von Simic.

Beim Verlassen des Büros von Levi überlegte Simic, ob er nochmals versuchen sollte, Anna Berger zu erreichen. Aber wahrscheinlich war es um diese Zeit sinnlos. Er war bisher nicht an ihrer Sekretärin vorbeigekommen. Ob sie wirklich nicht wusste, wo ihr ehemaliger Klient sich aufhielt?

In der Zwischenzeit war es dunkel geworden, jedenfalls fast dunkel. Die Zeitumstellung hatte bewirkt, dass es um sechs Uhr nicht mehr hell war. Es war, als hätte man dem goldenen Herbst das Licht abgestellt. Levi war mit der Arbeit noch nicht fertig. Er seufzte. Seine Frau war nicht glücklich darüber, dass er des Abends immer später nach Hause kam, aber je nach Arbeitsbelastung ging es nicht anders. Um Viertel nach sechs streckte Levis Mitarbeiterin, Frau Rebsamen, ihren Kopf durch die Türe. «Ich gehe dann, Herr Levi, ist das in Ordnung?» «Aber sicher Frau Rebsamen, schliessen Sie bitte ab, ich bleibe noch eine Stunde oder zwei.» Es sollte das letzte Mal sein, dass Frau Rebsamen Rechtsanwalt Levi lebend sah.

Kapitel 15 Ein harmonischer Abend

Anna war auf dem Weg nach Hause. Die Ferienwoche im Engadin hatte ihr gutgetan. Sie fühlte sich etwas kräftiger, weniger müde. Auch die Schwindelanfälle waren weniger geworden. Vielleicht würde es doch wieder gut werden. Sie sollte häufiger Pausen einlegen oder sich selbst frühpensionieren? Nun, mit Mitte Fünfzig fand sie sich noch viel zu jung dafür. Was würde sie bloss mit so viel freier Zeit anfangen? Dafür, oder gar fürs Nichtstun, war sie nicht gemacht.

Es war ein schöner Abend und es wurde langsam dunkel. Von ihr aus hätte man die Sommerzeit beibehalten können. Dann könnte man abends bei schönem Wetter noch länger draussen sitzen. Aber wenn es eindunkelte, wurde es auch automatisch kühler, jetzt im Herbst. Zu Hause traf sie wieder das mittlerweile übliche Bild. Ihre Mutter sass mit einem Glas Wein bei Flavio in der Küche – ein harmonischer Anblick. Flavio schenkte ihr auch gleich ein Glas ihres Lieblingsweines ein, eines kalifornischen Zinfandels, den sie mal zufällig an einer Weindegustation entdeckt hatte und der für sie noch immer der Beste aller Weine war. Man konnte sie nicht anders überzeugen, mit dem teuersten Bordeaux nicht. Nicht, dass es ein billiger Wein gewesen wäre, aber natürlich wesentlich billiger als ein Chateau Petrus oder ein Sassicaia. Sie hatte alle schon mal probiert.

Anna trank wenig Alkohol, eigentlich nur Rotwein, ab und zu etwas Weisswein, keinen Champagner. Niemand in ihrem

Freundes- und Bekanntenkreis konnte begreifen, dass sie Champagner nicht mochte. Die «Gasblöterli» (Champagner-Bläschen) lösten bei ihr Schluckauf aus und sie mochte auch den Geschmack nicht. Da konnte man ihr den besten und teuersten Champagner servieren. Prosecco trank sie manchmal, aber mehr wegen der gemütlichen Stimmung als aus Neigung. Ihre Mutter trank Weisswein, der kalifornische Rotwein war ihr zu schwer, aber Flavio teilte Annas Geschmack und schenkte sich ebenfalls Rotwein ein. «Was gibt es heute denn?», fragte Anna. «Selbst gemachte Ravioli und deine Mutter hat mir mit dem Teig geholfen.» Anna lächelte. Wunderbar. Sie fühlte sich sehr wohl. Aber es war einer der letzten Abende, an dem sie sich so wohlfühlen sollte. Zum Glück weiss man nie, was kommt.

Kapitel 16 Rechtsanwalt Levis Tod

Als Anna am nächsten Morgen entspannt in ihre Kanzlei kam, war dort der Teufel los. Alle Telefone gingen gleichzeitig los und ebenfalls gleichzeitig mit ihr traten zwei Polizisten ein.

Ihr Kollege Horst Zeltner und ihre Sekretärin Astrid standen mitten im Gang und diskutierten. Horst Zeltner war eh immer früh im Büro, weil er morgens schon um sechs Uhr joggen ging, zum Spott seiner Kollegen. Die frische Farbe aber, die er morgens jeweils im Gesicht hatte, war einer fahlen Blässe gewichen. Er ging auf Anna zu, fasste sie an den Schultern und führte sie ins Sitzungszimmer. «Anna», sagte er, «ich muss dir mitteilen, dass Rechtsanwalt Levi heute Nacht gestorben ist.» Anna zog scharf die Luft ein und setzte sich. «Wie?», war das Einzige, was sie herausbrachte.

«Darum ist ja auch die Polizei da», antwortete Zeltner, ohne die Frage zu beantworten. «Er ist offenbar nicht eines natürlichen Todes gestorben. Nach Angaben der Polizei – sie haben angerufen, bevor sie zu uns kamen – ist er aus dem Fenster seiner Kanzlei am Bleicherweg gefallen, aus dem zweitobersten Stock.» «Gefallen?», warf Anna bitter ein. «Scheint so. Zuvor war seine Sekretärin, eine Frau Rebsamen, offenbar niedergeschlagen worden, als sie das Büro gegen 18 Uhr verlassen wollte. Sie lag bewusstlos vor der Türe, als die Polizei eintraf. Es scheint, dass die Polizei recht früh, so gegen 18:30, alarmiert worden ist. Das Quartier, ein Geschäftsleutequartier, ist am Abend sehr ruhig. Nur zufällig hat ein Passant die Leiche auf dem Trottoir liegen sehen. Wann genau alles passiert ist, und ob es ein Unfall war oder ein Selbstmord, das können die Polizisten bisher nicht sagen.»

«Sind es die Polizisten, die im Eingang stehen?», fragte Anna. «Ja, sie haben über Frau Rebsamen vom Milosz-Fall gehört. Frau Rebsamen hatte, nachdem sie wieder zu sich gekommen war, den Polizisten auch erzählt, dass es sich bei Milosz nicht um den echten Dr. Milosz gehandelt habe, sondern möglicherweise um einen Spion. Weil er dein Klient ist, oder eher war, sind sie nun hier.»

Anna stand auf. Der Schwindel war mit voller Kraft zurückgekommen, sie musste sich sofort wieder setzen. Horst Zeltner kam zu ihr und stützte sie. «Bleib sitzen, ich hole die Polizei rein.» Das tat er denn auch. Die zwei Polizisten, Wachtmeister Jon Sobic und Gefreiter Stamm, stellten sich vor. Ohne zu zögern, teilte Anna den Polizisten mit: «Ich bin überzeugt: Daniel Levi ist nicht durch einen Unfall oder durch Suizid zu Tode gekommen – das war klar ein Verbrechen».

Anna fragte Jon Sobic, den sie vom zurückliegenden Fall Willi Lang her noch in Erinnerung hatte, wie sie denn auf sie gekommen seien. Sobic antwortete, dass die Sekretärin von Daniel Levi, Frau Julia Rebsamen, ihnen mitgeteilt hatte, dass Daniel Levi von Ihrem Klienten Milosz, vermehrt beleidigt und offenbar auch bedroht worden sei. Dieser Milosz sei später verschwunden. Sobic schaute Anna ernst an und hielt fest, dass unter diesen Umständen Milosz verdächtigt werde, Rechtsanwalt Levi ermordet zu haben.

Ob es denn keine anderen Verdächtigen gebe, fragte Anna Jan Sobic. «Offenbar nicht», antwortete Sobic. Frau Rebsamen konnte sich niemand anderen als Mörder von Levi vorstellen. Der Einzige, der ihrem Chef offenbar wirklich Sorgen gemacht hatte, war eben dieser Jan Milosz gewesen. Anna schwieg. Zu sehr hatte sie die Nachricht vom Tod von Daniel Levi bestürzt. «Stimmt», sagte sie schliesslich, «Milosz, das heisst der falsche Milosz, denn er heisst wohl anders, ist Levi mehrmals aggressiv und zudem antisemitisch angegangen.» Aber alles wisse sie nicht. So habe sie zum Beispiel nicht gewusst, dass ihr ehemaliger Klient Daniel Levi auch bedroht hatte. Sie könne es sich das aber sehr wohl vorstellen, der Mann sei ein Chamäleon gewesen. Einerseits überfreundlich und andererseits verletzend und bedrohlich. Was ihren Kollegen Levi wahrscheinlich in Gefahr gebracht und ihn schliesslich wohl auch das Leben gekostet habe, sei der Umstand, dass er gegenüber Milosz bemerkte hatte, er sei wohl nicht der, der er vorgebe zu sein. Levi habe dank seiner Sprachkenntnisse anlässlich der Befragung bei Staatsanwältin Dupont erkannt, dass ein Fluch, den Milosz von sich gegeben hatte, nicht – wie dieser vorgab – polnisch, sondern russisch gewesen war. Das habe bei Rechtsanwalt Levi einen Verdacht geweckt.

Auf den fragenden Blick von Wachtmeister Sobic hin ergänzt Anna: «Rechtsanwalt Levi hat nach der wahren Identität von Milosz geforscht und herausgefunden, dass der wahre Psychiater Dr. Milosz vor etwa zwei Jahren in Warschau gestorben ist. Der habe einen langjährigen medizinischen Mitarbeiter gehabt, der russisch-polnischer Abstammung gewesen sei, einen Boris Zaizev. Zaizev könnte sich später die wichtigsten Dokumente von Milosz angeeignet und sich als Jan Milosz ausgegeben haben. Er habe dann nach Boris Zaizev geforscht, und es sei zu befürchten, dass Zaizev beziehungsweise der falsche Milosz davon erfahren hätte. Mir gegenüber hat Daniel Levi noch den Verdacht geäussert, es könnte sich bei Milosz um einen russischen Spion handeln, der sich hinter der Identität des wahren Dr. Milosz verstecken würde. Erst durch Zufall, durch seine Rolle im Fall Kapor, war das alles aufgeflogen. Darum ist Milosz wohl untergetaucht, bevor man ihm noch mehr auf die Schliche kommen konnte.»

«Ich muss wohl befürchten, auch in Gefahr zu sein, denn ich weiss ja auch, was Levi herausgefunden hat. Das ist sicher gefährliches Wissen und es ist ja offenbar nicht unüblich, dass Agenten des russischen Geheimdienstes ihnen unliebsame Personen aus dem Fenster werfen. In letzter Zeit sind solche Fälle ja häufig vorgekommen, nicht nur in Europa – jedenfalls, wenn man den entsprechenden Zeitungsartikeln glauben kann. Milosz weiss ja nicht, was ich genau weiss, sodass er schlimmstenfalls wohl annimmt, dass ich sehr viel über ihn weiss, was ihm schaden könnte.»

Sobic seufzte: «Das ist nicht auszuschliessen, jedoch kaum kommunizierbar!»

«Mir ist nicht wichtig, ob, was und wie Sie das wem gegenüber kommunizieren. Mir ist wichtig, dass Sie diesen gefährlichen Dr. Milosz, unter welchem Namen auch immer, finden und ich mich wieder ruhig und sicher bewegen kann.»

Sobic sah sie wieder nachdenklich an. «Wer weiss noch von der falschen Identität Milosz' beziehungsweise von Boris Zaizev?» «Nun, wahrscheinlich Levis Sekretärin, aber ich glaube nicht, dass Milosz das ganze Büro von Levi beziehungsweise alle Mitarbeiter ausradieren will. Wer sicher auch Verdacht geschöpft hat, war Staatsanwältin Dupont. Die ist aber sicher nicht in Gefahr. Sowohl Kollege Levi wie auch ich hielten Staatsanwältin Dupont für befangen – sie schien eine besondere Beziehung zu Milosz zu haben.» Sobic gab Anna seine Karte: «Bitte teilen Sie mir mit, wenn Ihnen noch was einfällt. Teilen Sie uns auch sofort mit, wenn Sie sich bedroht oder verfolgt fühlen.» Sobic schien nunmehr die Bedenken von Anna ernst zu nehmen.

Als die zwei Polizisten das Büro verlassen hatten, kam Zeltner wieder rein. Er schaute Anna besorgt an. «Ich mache mir ja solche Vorwürfe, dass ich dir diesen Milosz vermittelt habe», sagte er schon zum gefühlt fünften Mal. «Horst, das konntest du schlicht und ergreifend nicht wissen. Ich werde jetzt Staatsanwalt Fried anrufen und ihn um ein Gespräch bitten. Ich denke, da gibt es in Sachen Straffall Milosz noch einiges zu klären.»

Als Horst Zeltner den Raum wieder verlassen hatte, ging Anna in ihr eigenes Büro und rief Staatsanwalt Fried an. Der nahm glücklicherweise selbst ab, was er häufiger tat. Anna sparte sich die üblichen Anfangsfloskeln. «Herr Fried, mein letzter Fall in Sachen Kapor mit dem beteiligten Psychiater Jan Milosz macht mir grosse Sorgen. Ich weiss nicht, ob sie von diesem Fall gehört haben. Ich war die Verteidigerin von Milosz in Sachen Beihilfe zu Mord an Olga Simic. Kollege Daniel Levi war der Vertreter der geschädigten Familie Simic. Es war Levi, der herausfand, dass mit Milosz etwas nicht stimmt, dass er wohl nicht der ist, der er vorgab zu sein. Er hat dann nachgeforscht und vermutet, dass Milosz möglicherweise ein russischer Agent ist. Jetzt ist Kollege Levi tot. Er ist gestern Abend aus einem Fenster seiner Kanzlei gefallen. Er wurde wohl gestossen, jedenfalls glaube ich das. Ich weiss, das klingt alles abenteuerlich und seltsam.»

Fried unterbrach Anna: «Nein, nein, Frau Kollegin, ich kenne Sie, und wenn Sie Bedenken haben, nehme ich diese ernst. Da besteht sicherlich Handlungsbedarf. Ich habe schon von diesem Fall gehört, wenn auch nicht im Detail. Kommen Sie schnellstmöglich zu mir. Wir müssen für Sie vielleicht ein

Sicherheitsdispositiv aufstellen. Wie Sie wissen, bin ich nicht mehr beim Stauffacherplatz, sondern im neuen Justiz- und Polizeizentrum zu finden. Und fahren Sie nicht selbst zu mir – die Verkehrsführung hierher ist haarsträubend, noch schlimmer als im Rest von Zürich. Auch mit den öffentlichen Verkehrsmitteln dauert es um diese Zeit lange, durch den zähen Verkehr zu kommen.»

«Danke Herr Kollege, ich werde Ihnen zur Information vorher ein paar Akten faxen oder mailen lassen. Bis ich bei Ihnen bin, haben Sie vielleicht Zeit, noch etwas reinzuschauen. Noch etwas: Die für das Verfahren zuständige Staatsanwältin ist Helene Dupont. Sowohl Kollege Levi als auch ich hielten sie für befangen. Wir hatten sogar den Eindruck, dass sie den Dr. Milosz näher kennen könnte. Daniel Levi hatte deshalb ein Ausstandsbegehren gegen sie gestellt, das allerdings nie zur Beurteilung kam, da Milosz vorher verschwand.

So, nun werde ich versuchen, ein Taxi zu organisieren, um zu Ihnen zu kommen. Ich bin schon gespannt auf das neue Justizzentrum.»

Kapitel 17 Annas Gespräch mit Staatsanwalt Fried

Das neue Polizei- und Justizzentrum im Stadtteil Aussersihl-Hard war imposant: ein klotziger Moloch von einem modernen Gebäude in Gestalt einer multifunktionalen Überbauung, die von der Polizei und der Rechtspflege des Kantons Zürich genutzt wurde – als Kompetenzzentrum für die Bekämpfung der Kriminalität. Alle waren dort gemütlich beisammen: Polizei, Staatsanwaltschaft, Justizvollzug, Forensisches Institut, die Polizeischule, Teile des Zwangsmassnahmengerichtes und noch 41 Haftplätze. Die geballte, abschreckende Macht der Strafverfolgung bedrohlich vereint unter einem Dach, einem Riesendach. Der Bau hatte dem Kanton Zürich über 750 000 000 Franken, gekostet. Der ursprüngliche Kostenvoranschlag war, wie im Kanton üblich, deutlich überschritten worden.

Tatsächlich benötigte Anna im Taxi länger als dreissig Minuten, bis sie im dichten Verkehr beim Polizei- und Justizzentrum eintraf. In der Zwischenzeit fluchte der Taxifahrer laut über die neue Verkehrsführung der Stadt – doch immerhin seien heute die Klimakleber nicht auf der Strasse. Die würden lange Staus verursachen und anfassen dürfen man die nicht, bewahre. Und die Polizei reagiere, wenn überhaupt, jeweils zu spät. Es war so ein Chaos. Anna mochte sich nicht vorstellen, im Justizzentrum zu arbeiten. Als sie es betrat, stellte sie fest, dass noch vieles unfertig und neu wirkte. Es roch auch noch neu. Nach der Sicherheitskontrolle, die nach Annas Empfinden immer strenger wurde, fragte sie nach dem Weg zum Büro des leitenden Staatsanwalt Fried. Immerhin hatte Fried wieder ein schönes, grosses Büro. Anna konnte es sich nicht verkneifen, ihn zu fragen, wie glücklich er denn über diesen Umzug vom Stauffacher nach Aussersihl sei. Fried verzog das Gesicht. «Lassen wir das besser, zwei Jahre muss ich noch bis zur Pensionierung durchhalten», meinte er. Anna setzte sich ihm gegenüber.

«Dieses Mal, Herr Kollege Fried – Sie haben es gehört – muss ich Sie um Rat fragen.» Sie erzählte ihm die ganze Geschichte, alles, was ihr im Fall Milosz aufgefallen war. Sie liess nichts aus. Auch ihren Verdacht gegenüber Staatsanwältin Dupont erwähnte sie nochmals. «Wissen Sie», erzählte sie Fried, «ich habe natürlich nichts unternommen, schliesslich war Milosz ja mein Klient, damals jedenfalls noch, aber als Opfervertreter hätte ich schon längst ein Ausstandsbegehren gestellt. Mein Klient und die Dupont flirteten erkennbar miteinander. Die Luft war geradezu elektrisiert. Dupont schmolz dahin, wenn Milosz etwas sagte. Sie ist dann auch nicht in den Ausstand getreten und gab damit Milosz die Möglichkeit zu fliehen. Das wusste ich damals noch nicht. Aber die Befangenheit war erkennbar. Als Milosz verschwunden war, haben Levi und ich am Telefon uns noch im Witz gefragt, ob man Milosz allenfalls nicht bei Staatsanwältin Dupont suchen sollte.

Dass die Kollegin Dupont auf Milosz reinfiel, kann ich sogar irgendwie verstehen. Am Anfang war ich auch beindruckt von der Präsenz dieses Mannes, seiner tiefen, warmen und überzeugenden Stimme. Diese Ausstrahlung hatte ihm sicher auch bei seiner Zeugenaussage im Fall Kapor geholfen.

Nur hat Frau Kollegin Dupont wahrscheinlich nicht gesehen, was ich zuvor beim Klientengespräch in meinem Büro gesehen habe. Milosz' attraktives, sympathisches Gesicht kann sich in Sekundenbruchteilen vor Hass verzerren. Dieser Wechsel hat mich noch mehr beeindruckt als die anfänglich so sympathische Ausstrahlung.»

Dann erzählte sie Fried vom ersten antisemitischen Ausbruch Milosz' gegen den Kollegen Levi und auch von ihrem späteren Gefühl, verfolgt zu werden. Auf Frieds Stirn erschien eine tiefe Falte – als leitender Staatsanwalt war er Vorgesetzter von Staatsanwältin Dupont. Er hatte ihr die ganze Zeit ruhig und nachdenklich zugehört, ohne sie zu unterbrechen.

Als Anna mit ihrer Erzählung fortfahren wollte, begann sie zu schlucken und ihre Augen füllten sich mit Tränen. Sie erzählte Fried vom Tod Levis und dass sie nicht glauben könne, dass Levi sich selbst umgebracht habe. Sie glaube vielmehr, dass er gestossen worden sei. Man müsse diesen Todesfall genauestens untersuchen. Bezüglich des Motives sei sie sich nicht sicher, könne nur Vermutungen anstellen. Hatte Levi zu viel gewusst? Hatte er an den falschen Stellen nachgefragt? Anna schaute Fried traurig an und sagte. «Daniel Levi war ein guter Mann. So oder so ist es furchtbar, was geschehen ist. Vielleicht habe ich im Fall Milosz nicht nur einen Mann, der der Beihilfe zu Mord beschuldigt worden war, verteidigt, sondern tatsächlich einen wahren Mörder. Ich habe schon einiges erlebt in meinen über zwanzig Jahren Anwaltstätigkeit, aber so etwas dann doch noch nie.»

«Ja, Frau Kollegin, mir gefällt das alles auch nicht. Ich werde mich darum kümmern, dass Sie Personenschutz bekommen. Ich mache mir Sorgen, dass Ihnen, die Sie so eng in den Fall Milosz involviert gewesen sind, auch etwas geschehen könnte.» «Nun», meinte Anna, «mein Büro ist zum Glück im Hochparterre.» Die Bemerkung war nicht witzig gemeint. «Aber», führte Anna aus, «es gibt auch andere Arten, jemanden zu verletzen oder umzubringen. Die Situation ist für mich neu.»

«Das Gefühl, verfolgt zu werden, begann das nach dem Verschwinden von Milosz?» fragte Fried. «Ja», antwortete Anna, «praktisch unmittelbar danach. Mein Mann meinte, ich würde mir das einbilden. Nur so ein Gefühl hatte ich zuvor noch nie und ich bilde mir nicht so schnell etwas ein. Ich habe einen fast unbestechlichen sechsten Sinn und wenn meine Alarmlampen blinken, dann nehme ich sie jeweils ernst.»

«Das müssen Sie unbedingt. Darum werde ich für Sie einen Personenschutz organisieren. Wir werden bei Ihnen im Büro vor den Eingängen Kameras montieren und bei Ihnen zu Hause auch. Frau Staatsanwältin Dupont wird mir einige Fragen beantworten müssen. So oder so halten Sie mich auf dem Laufenden. Im Übrigen teile ich aufgrund aller mir bisher vorliegenden Informationen Ihre und Levis Befürchtung, dass es sich bei Milosz um einen russischen Agenten handeln könnte. Ich werde mich beim Nachrichtendienst des Bundes erkundigen und eine entsprechende Eingabe machen. Ich weiss, dass wir vor allem seit dem Kriegsbeginn in der Ukraine vermehrt verdächtige russische Personen im Land haben, allerdings war dieser Milosz schon länger in der Schweiz. Komische Geschichte.»

«Ich glaube, dass Kollege Levi auch schon beim Nachrichtendienst des Bundes angefragt hatte. Ich weiss aber nicht, ob er eine Antwort bekommen hat. Vielleicht könnte man das in seinen Handakten oder beim NDB nachprüfen.» «Das werden wir», antwortete Fried, «da können Sie sicher sein.»

Anna stand auf, um sich zu verabschieden. Fried drückte ihre Hand fest. «Ich rufe jetzt einen unserer Wagen, der Sie sicher ins Büro oder nach Hause – wie Sie wollen – zurückbringt.» Er schüttelte Anna die Hand. «Passen Sie um Gottes Willen auf sich auf.» Als Anna das Büro von Fried verliess, fühlte sie sich etwas wohler.

Ein nachdenklicher Fried blieb zurück. Doch da war auch eine prickelnde Neugier: Wie gerne hätte er diesen Milosz, der so intelligente Frauen zu beeindrucken vermochte, in Hochform kennengelernt.

Kapitel 18 In der Pathologie

Professor Krauthammer schaute auf die neu eingelieferte männliche Leiche. Er hatte soeben die Unterlagen gelesen, die ihm bei der Einlieferung übergeben worden waren. Er runzelte die Stirn. Offenbar lag ein Nachfolgeopfer des Mordfalles Olga Simic vor ihm. Der Prozess gegen Kapor war zwar schon längere Zeit vorbei und eigentlich war ihm nicht klar, warum dieser Mann, ein Anwalt namens Daniel Levi, hatte sterben müssen. Er hatte die Opferfamilie Simic vertreten, nicht nur im Fall Kapor, sondern offenbar auch gegen den begutachtenden Psychiater der Klinik Oberland. Krauthammer hatte von diesem Dr. Milosz noch nie gehört. War Daniel Levi wirklich wegen des Falles Kapor oder wegen des Nachfolgeverfahrens gegen Dr. Milosz umgekommen? Wo lag da die Kausalität? Die Frage der Polizei an ihn lautete: Liegen Hinweise für Selbstmord oder für Fremdeinwirkung, vielleicht sogar Mord, vor?

Nun, dass Daniel Levi aus dem Fenster seiner Kanzlei, genauer aus dem vierten Stock, gefallen war, das war nachweis- und sichtbar. Krauthammer wusste, wie ein Mensch nach einem Fall aus solcher Höhe aussah. Er hatte schon öfters Leichen nach Turm- oder Brückenstürzen gesehen und untersucht. Es war schrecklich und er würde sich auch mit seinen bald 70 Jahren nicht mehr daran gewöhnen. Es sprach wohl für ihn, dass er nach mehr als 30-jähriger Tätigkeit als Pathologe berührbar geblieben war. Die Leiche sah schlimm aus. Zu Lebzeiten war es wahrscheinlich ein gesunder, attraktiver

Mann von Anfang 50 gewesen. Auch wenn der Sturz aus dem Fenster und damit die Todesursache klar war, konnte nicht so ohne weiteres eruiert werden, ob ein Suizid oder ein Mord vorlag. Die schweren Verletzungen verdeckten Tateinwirkungen wie zum Beispiel einen Stoss von hinten.

Aber vielleicht war der Mann zuvor betäubt oder vergiftet worden, und deshalb nicht einfach aus dem Fenster gefallen oder gesprungen, sondern gestossen worden. Er hatte der Leiche die Proben aller Körpersäfte bereits entnommen, weitergeschickt und wartete auf die Resultate des Kriminallabors. In der Zwischenzeit würde er die übliche Obduktion vornehmen. Krauthammer las nochmal die Akten. Der Verdacht überwog, dass Levi gestossen worden war. Nur, dann hätte er sich wohl gewehrt. Levi er war kein besonders kleiner oder dünner Mann gewesen, viel eher war ihm zuvor Gift oder ein Betäubungsmittel gespritzt worden. Das müsste sich im Blut nachweisen lassen. Schwieriger wäre es, den Einfluss eines Tatwerkzeuges, wie z.B. eines Knüppels oder eines Elektroschockers nachzuweisen. Die Leiche war in einem so schlechten Zustand, dass Einstiche oder Einwirkungen, wenn überhaupt, nur sehr schwierig zu finden sein würden. Er würde auch nach einer Kugel im Rücken suchen, aber nach der ersten oberflächlichen Betrachtung glaubte er nicht, eine zu finden.

Wie er aus den Akten wusste, war die Sekretärin von Daniel Levi von hinten niedergeschlagen worden, als sie nach 18:00 Uhr die Kanzlei verlassen wollte. Das sprach für einen vorbereiteten Mord. Doch war auch Levi niedergeschlagen worden? Es ist einfacher, eine Frau niederzuschlagen, die gerade ihr Büro verlässt und einem Einbrecher, nichts Böses ahnend, den Rücken zukehrt, als einen Mann, der wahrscheinlich schon Geräusche gehört hatte und deshalb alarmiert war.

Mit anderen Worten: Wenn Levi sich gewehrt hätte, wäre es nicht so einfach gewesen, ihn niederzuschlagen. Ohnehin würde es bei dem hochversehrten Zustand der Leiche äusserst schwierig sein, allfällige Spuren eines Schlages auf den Kopf zu finden.

Doch Krauthammer war mit den Jahren ein fähiger Kriminologe geworden. Bei der Obduktion untersuchte er besonders sorgfältig den Kopf. Levi war auf das Gesicht gefallen, wodurch Spuren auf dem Hinterkopf vielleicht noch erkennbar gewesen wären, aber ein Sprung aus dem vierten Stock hatte zur Folge, dass vom Kopf nicht mehr viel übrig war. Zusammen mit zwei Mitarbeiterinnen suchte Krauthammer Kopf, Rücken, und Arme der Leiche Millimeter um Millimeter ab. Plötzlich schmunzelte Krauthammer seine Kolleginnen an. «Hier, auf dem linken Schulterblatt können Sie, wenn Sie genau durch diese dicke Lupe schauen, drei Punkte erkennen. Erstaunlich, dass die noch erkennbar sind.» «Was bedeuten diese Punkte?», fragte eine seiner Mitarbeiterinnen. Krauthammer lächelte weiter. «Die drei Punkte bedeuten, dass der Verstorbene mit einem Elektroschockgerät ausser Kraft gesetzt worden ist. Das betäubt einen erwachsenen Mann zwar nicht für sehr lange, aber es genügt, um ihn aus dem Fenster zu stossen.» Beim Fall Levi handelte es sich somit tatsächlich um Mord.

«Warum hatte der Täter die Sekretärin niedergeschlagen und den Anwalt mit einem Elektroschockgerät ausser Kraft gesetzt?», fragte eine der Assistentinnen. «Das weiss ich nicht mit Sicherheit. Aber Niederschlagen hat mehr Effekt und setzte die Sekretärin länger ausser Kraft als ein Elektroschocker», antwortete Krauthammer. «Woran ist dieser Mann schlussendlich gestorben?», war eine weitere Frage. «Bei so vielen Verletzungen lässt sich das nicht sagen, denn auch die inneren Organe sind betroffen. So zerreisst es zum Beispiel beim Aufprall die Milz. Eine ausschlaggebende Todesursache kann man oft nur eruieren, wenn der Mann schon vorher tot war, eben zum Beispiel durch einen Schlag auf den Kopf oder durch einen Schuss in den Rücken.»

Nach der mehrstündigen Obduktion setzte sich Krauthammer in seinem Büro hin. Er war müde, doch in seinem Kopf arbeitete es weiter. In den Akten stand, dass offenbar auch ein Fall von Antisemitismus vorliegen könnte. Das hätte ja mit dem Mandat von Daniel Levi als Vertreter der Opferfamilie nichts zu tun. Im Verdacht hatte man offenbar den polnischen Psychiater Milosz. Das wurde allerdings nur angetönt. Wieso hätte der das tun sollen, aus reinem Antisemitismus? Das konnte nicht sein. Da mussten andere Gründe mitspielen. Sicher war ihm bekannt, dass viele Polen – vor allem zur Nazi-Zeit – überzeugte Antisemiten gewesen waren, wie überhaupt viele Menschen im Osten. Aber heute war heute und nicht mehr 1940. Krauthammer, als geborener Österreicher, war in seinem Leben schon oft Antisemitismus begegnet. Sein Land hatte sich diesbezüglich im Zweiten Weltkrieg auch nicht gerade mit Ruhm bekleckert, ganz abgesehen davon, dass Hitler Österreicher gewesen war. Nach dem Krieg war der Antisemitismus nicht verschwunden, nur leiser geworden. Doch er kam immer wieder zum Vorschein, auch in seiner eigenen Familie. Als junger Arzt hatte er oft mit seinem Vater darüber gestritten.

Krauthammer rief Wachtmeister Sobic an und teilte ihm die Obduktionsergebnisse mit. Er fragte ihn auch, wie die Polizei auf die Idee gekommen sei, Dr. Milosz sei nicht wirklich Dr. Milosz. Sobic erzählte einem höchst ungläubigen Krauthammer, wie sie zu dieser Annahme gekommen waren. Krauthammer staunte. Und das in der friedlichen, ruhigen und rechtsstaatlichen Schweiz. Da fliegt ein anständiger, jüdischer Anwalt in KGB-Manier aus dem Fenster seiner Kanzlei. Er konnte es nicht fassen.

Kapitel 19 Die Beerdigung von Daniel Levi

Anna war an diesem Herbsttag zu Hause geblieben. Seit ein paar Tagen hatte sie tatsächlich Personenschutz, sowohl im Büro als auch zu Hause. Sie empfand das als fremd und störend.

Heute war die Beerdigung von Daniel Levi. Anna hatte der Ehefrau von Daniel Levi, Rebekka Levi, einen Beileidsbrief geschrieben, und von ihr umgehend eine Antwort erhalten, mit der sie Anna zur Beerdigung von Daniel Levi einlud. Die Beerdigung würde nachmittags um zwei Uhr im jüdischen Friedhof Oberer Friesenberg in Zürich stattfinden. Anna war noch nie dort gewesen, auch hatte sie noch nie eine jüdische Beerdigung erlebt. Doch sie nahm an, dass es nicht gar so anders sein würde als bei einer anderen Beerdigung. Dunkle Kleidung würde auch bei einer jüdischen Beerdigung angebracht sein. Horst Zeltner wollte sie begleiten – er hatte den Verstorbenen auch gekannt – und eine Person des Polizeischutzes würde ebenfalls anwesend sein, nicht nur für sie. Heutzutage standen jüdische Anlässe fast immer unter Polizeischutz. Von ihrem ehemaligen Klienten Milosz hatte Anna nichts mehr gehört. Sie wusste, dass Staatsanwalt Fried Nachforschungen anstellte, unter Einbezug polnischer Kollegen. Ergebnisse waren ihr jedoch noch nicht mitgeteilt worden.

Anna bereitete sich auf die Beerdigung vor. Sie zog ihr dunkles Gerichtskostüm an und vor dem Ankleidespiegel sah sie, dass sie noch dünner geworden war. Die stressigen Zeiten und ihre eingeschränkte Gesundheit hatten offenbar ihren Tribut gefordert. Anna seufzte. Den Rock ihres Kostüms musste sie mit einem Gurt zusammenschnüren, sonst würde er ihr über die Hüften rutschen. Am Morgen war sie noch bei ihrem Friseur gewesen, ebenfalls mit Polizeischutz. Daran gewöhnen würde sie sich wohl nie. Als sie nachmittags beim Friedhof Oberer Friesenberg eintraf, wurde sie von Rebekka Levi sehr herzlich begrüsst. Rebekka Levi war eine schmale, jetzt vom Leid gezeichnete Frau. Die gemeinsamen Kinder von ihr und Daniel Levi, ein Sohn und eine Tochter, waren offenbar noch in Ausbildung – so jedenfalls hatte ihr das Daniel Levi einmal erzählt. Blass und traurig standen sie neben ihrer Mutter. «Kommen Sie doch bitte im Anschluss an die Beisetzung auch zum Trauermahl ins Restaurant Florentin», bat sie Rebekka Levi.» Das war ein koscheres Restaurant von Ruf im Stadtkreis Zürich Enge. «Wir wollen dort nochmals alle in Ruhe Daniel gedenken.» Anna sagte zu – ungern zwar, denn es war für sie eine fremde Welt, aber sie würde hingehen. Sie wollte dem Verstorbenen und seiner Familie ihren Respekt erweisen. Zudem empfand sie es als Ehre, eingeladen zu werden.

Neben Rebekka Levi erschien ein Mann, der Anna sehr bekannt vorkam. Sie konnte ihn aber nicht sofort einordnen. Er hielt ihr die Hand hin und sagte: «Wir kennen uns Frau Berger. Ich bin Marco Levi, wir waren schon mal zusammen an einer Beerdigung, und zwar von Gian Cla Linard in Scuol.» «Natürlich», antwortete Anna, «Sie kamen mir gleich bekannt vor.» Marco Levi war damals Präsident der Zürcher Ärztegesellschaft gewesen. Sie wusste nicht, ob er das noch immer war. Er hatte Gian Cla Linard geholfen, als einziger oder als einer der wenigen unter seinen Kollegen. Doch damit hatte er das Leben von Gian Cla Linard auch nicht retten können. Anna schaute ihn erstaunt an. Sie hatte ihn als gepflegten

Mann in Erinnerung gehabt. Jetzt wirkte er zerknittert und hatte erst noch einen dunklen, ungepflegten Dreitagebart. «Es scheint, als ob wir uns jeweils an Beerdigungen treffen.» Anna schüttelte Marco Levi herzlich die Hand und kondolierte ihm zum Tod seines Bruders. «Ja», antwortete der, «das scheint so. Mein Dreitagebart ist übrigens ein Zeichen der Trauer – ich habe gesehen, dass Sie ihn kritisch angeschaut haben. Nach der Trauerzeit werde ich ihn wegrasieren und wieder der Alte sein. Wir, die Familie, haben jetzt im Fall von Daniel auch zwei Anwälte eingeschaltet: Das ist ja eine aussergewöhnlich seltsame und traurige Geschichte. Eigentlich wollte ich mich an Sie wenden, aber die Angestellte Ihrer Kanzlei teilte mir mit, dass Sie zurzeit keine Fälle übernehmen.»

Er schaute Anna kritisch an. «Sind Sie krank?», fragte er. Anna schluckte. «Ja», sagte sie, «ich leide seit fast einem Jahr an den Folgen von Covid, zwar nicht so schlimm wie andere Long-Covid-Patienten, aber es schränkt mich doch sehr ein und darum nehme ich keine neuen Fälle mehr an, fast keine.» Marco Levi sah sie besorgt an. «Ja», sagte er, «da sind Sie nicht die einzige. Rufen Sie mich doch mal an.» Er gab ihr seine Visitenkarte. «Ich kenne mehrere Long-Covid-Spezialisten, obwohl offenbar gegen Long Covid noch immer kein Kraut gewachsen ist. Man weiss noch nicht mal genau, warum und wie es dazu kommt.»

Am Grab von Daniel Levi war ein grosses Gedränge. Der Rabbi sang mit klarer, schöner Stimme das Trauer-Kaddisch. Anna hatte mit der Zeit Mühe zu stehen, und sie hielt sich an Horst Zeltner fest. Später konnte sie sich kaum mehr an die Details der Bestattung erinnern, wohl aber an das Zusammenkommen im Restaurant Florentin und da besonders an die Gespräche mit einigen Anwaltskollegen und Marco Levi. Als sie sich von Rebekka Levi verabschiedete, meinte diese: «Passen Sie auf sich auf, Anna», ja sie nannte sie spontan Anna, «da scheint ein Verrückter am Werk zu sein.» Anna konnte nur noch nicken. Sie war zu müde und emotional zu betroffen. Horst Zeltner brachte sie danach wieder nach Hause und Anna fühlte sich sehr erschöpft. Nicht nur wegen der Covid-Folgen, auch wegen dem Stress und der Trauer um ihren Kollegen Levi.

Am Abend erzählte sie Flavio von der Beerdigung und davon, dass sie dort Marco Levi wieder getroffen hatte. Sie habe vorher gar nicht gewusst, dass er ein Bruder von Daniel Levi war.

«Hast du schon etwas von Staatsanwalt Fried gehört?», fragte Flavio. «Weiss er Neues von deinem Ex-Klienten?» «Nein, noch nicht», antwortete Anna, «die Situation, aber auch die Observation durch die Polizei gehen mir schon an die Nieren.» «Wie auch nicht?», meinte Flavio. «Auch ich und die Kinder werden ja offenbar überwacht.» «Ja», antwortete Anna. «Fried hat die Situation als recht bedrohlich eingestuft, nach dem Tod von Daniel Levi ohnehin.» «Nun, niemand will, dass dir etwas passiert, Anna», bemerkte Flavio lächelnd.

Beide sassen sie in Gedanken versunken da, als Annas Mutter schon fast unpassend fröhlich ins Wohnzimmer platzte. «Das sieht aber nicht gut aus, wie ihr da so traurig und nachdenklich zusammensitzt – und erst noch im Dunkeln. Komm Flavio, nehmen wir ein Glas Wein und danach sieht die Welt vielleicht etwas besser aus!» Anna schmunzelte. Ihre Mutter hatte sich wirklich gut erholt und war jetzt eine richtige Hilfe und ein positiver Quell im Haus.

Flavio erzählte, dass er für das Haus in Zollikon schon verschiedene Interessenten an der Angel hatte. Obwohl das Haus alt und renovierungsbedürftig war, waren die Angebote aufgrund der Toplage hoch, aber die Bedeutung von Geld und Reichtum – schliesslich würde Anna als einzige Tochter alles mal erben – war nicht mehr so wichtig für sie. Nach allem, was Anna schon erlebt hatte, stufte sie Werte wie Leben, Gesundheit, soziale Bindungen, Freundschaften und schöne Erlebnisse höher ein. Aber ja, natürlich half Vermögen dabei immer, oder, wie ein Schweizer VIP von der sogenannten Cervelat-Prominenz einmal gesagt hatte: Es weint sich einfacher in einem Bentley als auf einem rostigen Fahrrad. Nun, so dachte Anna eigentlich nicht, aber der Spruch, vor allem das rostige Fahrrad, hatte ihr Eindruck gemacht.

Tatsächlich stellte sich schliesslich eine lockerere, friedliche Atmosphäre ein, als Flavio, ihre Mutter und sie bei einem Glas Wein im Wohnzimmer sassen und dem aufkommenden Herbststurm und den umherfliegenden, bunten Blättern zuschauten.

Kapitel 20 Helene Dupont

«Nehmen Sie bitte Platz», forderte Staatsanwalt Fried seine Kollegin Helene Dupont auf. Er hatte sie am Abend zuvor zu einem dringenden Gespräch aufgeboten und dabei sofort bemerkt, wie unwohl sich seine Kollegin fühlte. Sie hatte versucht auszuweichen, wies darauf hin, dass sie die ganze Woche viel zu tun habe, ob das Gespräch nicht noch etwas warten könne – und überhaupt wisse sie auch gar nicht, worum es gehe. Sie müsse sich wohl noch vorbereiten können. «Nein, müssen Sie nicht», antwortet Fried etwas zu barsch. «Ich werde Ihnen morgen genau darlegen, worum es geht. Ich erwarte Sie um neun Uhr in meinem Büro.»

Da sass sie nun, Staatsanwältin Helene Dupont, angespannt und mit sichtbar kalten Füssen. Mit unruhigen Augen sah sie Fried an. Dann nahm sie tief Atem und fragte: «Geht es um den Fall Milosz?» «Ja», antwortete Fried kurz. «Oh», fing Dupont zu sprechen an, «ich weiss doch, dass es ein Fehler war, bei der ersten Einvernahme auf den Geschädigten-Vertreter zu verzichten. Mir war damals entgangen, dass es überhaupt einen solchen gab. Und was den Verteidiger angeht, der Angeschuldigte Milosz wollte ohne Verteidiger kommen. Darum habe ich schliesslich die Einvernahme auch wiederholt, und zwar in Anwesenheit beider Vertreter, des Beschuldigten und der Geschädigten-Familie. Bei dieser zweiten Einvernahme lief jedoch einiges schief ...».

«Ich weiss», bemerkte Fried schneidend, «ich habe das Protokoll gelesen. Das Protokoll schien mir allerdings nicht sehr aufschlussreich, ich denke, dass es auch nicht vollständig war. Ich werde die Protokollführerin Frau Merz auch noch einvernehmen müssen und auch die Tonbandaufnahme von der Verhandlung abhören.»

Helene Dupont zuckte zusammen. «Warum das denn? Die Verhandlung wurde ja sistiert, und dann ist der Angeschuldigte einfach verschwunden.» « Eben, und der Anwalt, der das Sistierungsgesuch und das Ablehnungsbegehren gegen Sie gestellt hat, ist einfach aus dem Fenster seines Büros gefallen – ich nehme an, Sie wissen, dass der Verteidiger Daniel Levi ums Leben gekommen ist.» «Aber damit habe ich doch nichts zu tun! Ich bedaure es zwar ausserordentlich, dass sich Rechtsanwalt Levi das Leben genommen hat, doch das hatte wohl nichts mit dem Fall Milosz zu tun.» Fried schwieg. Er schwieg so lange, bis Helene Dupont anfing, unruhig auf ihrem Stuhl herumzurutschen.

Dann setzte Fried zu sprechen an. «Frau Kollegin, Rechtsanwalt Levi wurde höchstwahrscheinlich ermordet – und Sie lügen mich an, Frau Kollegin. Ich sehe es doch. Sie wissen sehr viel mehr als Sie zugeben, aber Sie tun so harmlos. Das ist aber kein harmloser Fall, alles andere als das.

Sie hatten doch gehört, wie Levi Milosz fragte, «Sind Sie der, der Sie vorgeben zu sein?» Und Sie müssen auch die Reaktion von Milosz bemerkt haben. Zudem wollte Rechtsanwalt Levi, dass man Milosz in Untersuchungshaft nimmt, weil er keinen Wohnsitz nachweisen konnte, und aufgrund Ihres entgegenkommenden und freundlich-vertrauten Verhaltens gegenüber dem Angeschuldigten, stellte er ein Ausstandsbegehren gegen Sie. Beides haben Sie abgewiesen und ich frage mich, ob Sie diese Begehren überhaupt ernsthaft geprüft haben.»

Dupont reagierte empört. «Ich habe beide Begehren sorgfältig geprüft und kam zum Schluss, zuerst den Wohnsitznachweis abzuwarten. Frau Rechtsanwältin Berger wollte mir bis 18:00 Uhr am nächsten Tag die entsprechenden Unterlagen zukommen lassen – und dann hätte ich endgültig entschieden.» «Sie haben aber schon bemerkt, dass der Angeschuldigte nicht kooperierte, gar ausfallend wurde gegenüber Rechtsanwalt Levi mit seinem Wutausbruch. ‹Blöder Jude› soll er gesagt haben, auf Russisch und nicht etwa auf Polnisch. Gab Ihnen das nicht zu denken? Wie können Sie antisemitische Beleidigungen bei einer Einvernahme zulassen?»

«So war das aber nicht!», schrie Frau Dupont nun. «Dr. Milosz hatte etwas gebrummt und es war Levi, der das übersetzte und behauptete, dass sei russisch und nicht polnisch gewesen. Das konnte ich wohl kaum überprüfen. Ich spreche beide Sprachen nicht, zudem hatte ich das Gemurmel von Milosz gar nicht verstanden. Sicher akzeptiere ich keine antisemitischen Aussprüche bei meinen Einvernahmen. Was unterstellen Sie mir da?»

«Ich unterstelle ihnen, dass Sie die Situation nicht abgeklärt haben, und ich unterstelle Ihnen Befangenheit gegenüber dem Angeschuldigten Milosz. Wenn eine Befangenheit vorliegt, sind die abgelehnten Gesuche anders zu betrachten. Nur aufgrund der Ablehnung der von Levi gestellten Gesuche, wurde es für Milosz möglich zu verschwinden.

Wahrscheinlich kannten oder kennen Sie Milosz besser, als eine Staatsanwältin einen Angeschuldigten kennen darf, und somit, bevor Sie wieder aufbegehren – ich sehe schon, dass Sie das vorhaben – stelle ich Ihnen zwei ganz einfache Fragen und ich möchte Sie sehr bitten, auch in Ihrem eigenen Interesse, sie mir wahrheitsgemäss zu beantworten: Was für eine Beziehung haben Sie zu Dr. Milosz, und wissen Sie, wo er sich zurzeit aufhält?»

Frau Dupont hatte einen roten Kopf bekommen. Schweissperlen tropften von ihrer Stirn. Sie schwieg. Fried hakte nach. «Bitte antworten Sie mir auf meine Fragen. Falls nicht, kommen Sie in Teufels Küche Frau Kollegin, glauben Sie mir das ruhig.» Helene Dupont schwieg noch immer. Sie schlug die Hände vors Gesicht. Noch nie hatte sie über ihre Beziehung zu Milosz gesprochen. Sie konnte darüber nicht sprechen.

Schliesslich atmete sie tief durch und gab halbherzig zu, dass sie Milosz nach der ersten Verhandlung ohne Parteienvertreter etwas besser kennen gelernt hatte. Die Einvernahme, immerhin in Gegenwart einer Protokollführerin, war recht früh zu Ende gewesen, so gegen 18:00 Uhr. Als alle gehen wollten, stellten sie fest, dass es draussen sehr stark regnete, und Milosz schlug ihr vor, sie unter seinen Schirm zu nehmen und zu begleiten, wo immer sie hinwollte, nach Hause oder in ein Café. Milosz sei ausserordentlich freundlich und zuvorkommend gewesen. Sie hatte keinen Verdacht geschöpft, ja an nichts Schlimmes gedacht. Sie hielt ihn ohnehin für unschuldig. Es hatte nicht ohne Grund so lange gedauert, bis überhaupt gegen ihn eine Strafanzeige eingereicht worden war. Sie hatte seinen eindringlichen Beteuerungen, niemals an die Ermordung von Olga Simic gedacht zu haben, geglaubt. Selten habe sie einen Angeklagten vor sich gehabt, der so ehrlich rübergekommen sei, so besorgt. Sie sei dann mit Milosz im strömenden Regen ins nächste Café gegangen, aber nicht wegen Milosz, sondern wegen des heftigen Regen. Im Café hätten sie sich nicht über den Fall unterhalten, sondern ganz harmlos über allgemeine Themen. So allgemein, dass sie nicht einmal mehr wisse, um welche Themen es sich gehandelt habe. Als der Regen schliesslich aufgehört habe, sei sie nach Hause gegangen und habe Milosz vergessen.

Erst als ein paar Tage später die Beschwerde gegen die Einstellung des Verfahrens von Rechtsanwalt Levi gekommen sei, sei ihr alles wieder in den Sinn gekommen. Sie habe dann Milosz empfohlen, sich ebenfalls einen Rechtsvertreter oder eine Rechtsvertreterin zu nehmen, schon wegen des Gleichgewichts der Kräfte. Es sei ihr nicht bewusst gewesen, dass sie anlässlich dieser zweiten Einvernahme zu Milosz freundlicher gewesen sei als zu den anderen Parteien.

Fried schaute Helene Dupont streng an. «Da habe ich andere Rückmeldungen erhalten. Ihre gegenseitige Sympathie sei so gross gewesen, dass es allen im Raum aufgefallen sei. Wie gesagt, ich werde auch die Protokollführerin nochmals befragen.»

«Sicher hat die Berger das behauptet», bemerkte Dupont unwirsch. «Sie hat mich die ganze Zeit so seltsam angeschaut. Dabei ist es sicher nicht ihre Aufgabe, für ihren Klienten Negatives zu suchen und ihm damit zu schaden. Sie hätte im Grunde genommen froh sein müssen, dass die Staatsanwaltschaft gegenüber ihrem Klienten nicht negativ eingestellt war. Ich verstehe das nicht, denn normalerweise kennt die Berger die Anforderungen an ihren Job. Doch sie ist mir gegenüber befangen.»

Fried schaute Dupont schon fast angewidert an und sagte dann: «Ja, Frau Rechtsanwältin Berger Conti, nicht ‹die Berger›, versteht ihren Job und sie hätte wohl auch nichts gesagt und den Fall auch nicht niedergelegt, wäre Milosz nicht spurlos verschwunden. Im Übrigen hat die Staatsanwaltschaft, im

Besonderen Sie als Staatsanwältin, gegenüber den Parteien unparteiisch, sachlich und professionell aufzutreten, denn es ist durchaus auch für die Vertretung des Angeschuldigten nicht angenehm, wenn der Vertreter des Staates – sprich die Staatsanwältin – dem eigenen Klienten gegenüber positiv befangen zu sein scheint. Natürlich reagiert man als Verteidiger eher bei einer negativen Befangenheit. Doch: Beides ist nicht angebracht. Im Übrigen ist der Verteidiger nicht Vertreter des Staates und darf für seine Klienten im Rahmen des Vernünftigen befangen sein, ja muss es sogar, wenn er ihn gut vertreten will.»

Fried fuhr mit düsterer Stimme fort: «Wie Sie jetzt wissen, ist Rechtsanwalt Levi keines natürlichen Todes gestorben. Dr. Milosz, der – so wie es aussieht – nicht Dr. Milosz ist, wird des Mordes an Rechtsanwalt Levi verdächtigt – und daher wiederhole ich jetzt meine zweite Frage: Wissen Sie, wo Dr. Milosz ist, oder haben Sie allenfalls einen Verdacht, wo er sein könnte?»

«Natürlich nicht», antwortete Helene Dupont etwas zu schnell. «Und ich kann mir nicht vorstellen, das Jan – äh, Dr. Milosz – fähig wäre, einen Mord zu begehen.» «Wir werden es herausfinden, Frau Dupont. Zurzeit wird sowohl Ihr Büro als auch Ihre Wohnung durchsucht.» Fried konnte nicht zu Ende reden. Frau Dupont sprang entsetzt auf und rief wütend aus: «Dazu haben Sie überhaupt keine Berechtigung, ich werde gegen Sie vorgehen! Als Beamtin muss man mich zuerst von meiner Immunität befreien. Sie verstehen Ihren Job nicht, Herr Fried!» Fried schaute sie gelassen an. «Nun, das Gesuch um Aufhebung der Immunität habe ich bereits eingereicht und aufgrund der schwierigen Lage ist eben Gefahr in Verzug. Es besteht die Möglichkeit, dass Milosz ein russischer Spion ist, der einen Anwalt umgebracht, die Staatsanwältin bestochen oder um den Finger gewickelt hat, und zurzeit auch seine eigene Verteidigerin bedroht. Es ist kein Kindergarten, was wir hier machen Frau Dupont! Je nachdem, was wir in Ihrer Wohnung oder in Ihrem Büro finden, werden wir Sie hier zurückbehalten, und zwar nicht in Ihrem Büro, sondern in einer der Zellen.»

Frau Dupont hyperventilierte fast. Fried machte eine längere Pause, bis sie wieder normal zu atmen schien. «Schauen Sie, Frau Kollegin Dupont, ich bin überzeugt, dass Sie mehr wissen, als dass Sie mir gesagt haben. Wenn Sie mir helfen wollen, dann sagen Sie mir jetzt alles, vor allem die Wahrheit. Wo vermuten Sie Milosz. Wenn Sie jetzt kooperieren, werde ich dafür besorgt sein, dass die Reaktion der Staatsanwaltschaft auf Ihr Fehlverhalten erträglich sein wird. So oder so, ganz ohne Kratzer werden Sie nicht davonkommen – und das wussten Sie schon, als ich Sie gestern zu dieser Einvernahme vorgeladen habe. Freundlicherweise habe ich Sie nicht festnehmen lassen, was ich jetzt schon fast bereue. Und noch was: Sollte Milosz wirklich ein russischer Spion sein, der auf Nummer sicher gehen will, dann sind Sie vielleicht auch gefährdet.» «Da irren Sie sich», erwiderte Dupont scharf, «nie würde mir Jan, ich meine Dr. Milosz, etwas antun, nie!» «Seien Sie sich da mal nicht so sicher», bemerkte Fried.

«Und jetzt? Wie geht es weiter: Bin ich schon festgenommen oder bin ich es erst, wenn Sie meine Wohnung durchsucht haben?» «Nun, ich werde Sie jetzt in einen Raum bringen – noch nicht in eine Zelle – und bewachen lassen, bis die Haus- und Bürountersuchungen beendet sind. Falls Sie etwas benötigen, sagen Sie es dem Wachpersonal und Sie werden es bekommen. Als leitender Staatsanwalt dieser Staatsanwaltschaft bedauere ich ausserordentlich, dass es zu diesem Vorfall mit einer unserer Staatsanwältinnen gekommen ist.»

Helene Dupont hatte Tränen in den Augen, als ein Beamter der Staatsanwaltschaft sie aus dem Verhörzimmer von Fried führte. Fried schaute ihr stirnrunzelnd nach. Er hatte ein ganz schlechtes Gefühl und das hatte er selten. Er verfügte nämlich nicht über dieselben Alarmlampen, wie Anna Berger sie ihm beschrieben hatte, aber er verstand jetzt, was sie damit meinte und wie belastend sich das anfühlte.

Kapitel 21 Wie konnte das geschehen?

Als Helene Dupont hörte, wie sich der Schlüssel drehte, realisiert sie schmerzlich, dass sie nun eingesperrt war, zwar nicht in einer Zelle, aber doch eben eingesperrt. Sie schrie auf, denn erst jetzt war sie sich wirklich bewusst geworden, in was für einer Situation sie da geraten war. Wie hatte es nur so weit kommen können? Erst jetzt fing sie an, schonungslos über sich und ihre Situation nachzudenken, und Tränen begannen zu fliessen.

Sie war so stolz gewesen, als sie die Stelle als Staatsanwältin bekommen hatte. Es war der angestrebte Erfolg nach einer langen Zeit intensiven Lernens gewesen. Eine Belohnung für ihren Einsatz und ihren Fleiss. Ihr Jura-Studium hatte sie in kürzester Zeit mit Bestnoten abgeschlossen. Durch ihre Praktika war sie sozusagen geflogen. Als sie erst ein Jahr bei der Staatsanwaltschaft war, hatte ihr Einsatz offenbar so überzeugt, dass sie in Rekordzeit eine junge Frau Staatsanwältin geworden war. Ihre Eltern waren sehr stolz auf sie, und selbst war sie so glücklich gewesen – und jetzt das.

Irgendwie hatte sie sich in der langen Zeit des Lernens und des unermüdlichen Einsatzes für ihren Idealberuf von der Wirklichkeit entfernt. Sie hatte bisher keine längere Beziehung gehabt, war fast nie ausgegangen, hatte ihre ganze Konzentration auf ihren Berufserfolg gerichtet. In Sachen Liebe und Beziehung war sie ein völliges Greenhorn gewesen. Und dann war es geschehen, der coup de foudre, der einschlagende Blitz – ausgerechnet mit Jan Milosz.

Sie hatte sich zu Anfang nicht grosse Gedanken gemacht, als ihr der Fall Milosz zugeteilt worden war. Der Hauptfall Kapor war ja schon abgeschlossen. Die Aussage von Jan Milosz in Sachen Kapor schien ihr nicht so gravierend zu sein, dass man von einer Beihilfe zu Mord sprechen konnte. Sie fand, dass die Begründung der Strafanzeige des Opfervertreters übers Ziel hinausschoss. Dennoch hatte sie die Strafanzeige anhand genommen, wohl anhand nehmen müssen. Wenigstens hatte sie sich den Angeschuldigten Milosz mal anschauen wollen. Wohl auch darum hatte sie aus der ersten Einvernahme keine grössere Sache gemacht. Jan Milosz selbst hatte auf eine Verteidigung verzichtet und der Opferfamilie war es ja wohl vor allem um die Verurteilung von Kapor gegangen – und der hatte lebenslänglich bekommen. Heute wusste sie, dass sie sich geirrt hatte. Der Opferfamilie ging es genauso um die Verurteilung von Jan Milosz.

Jan Milosz hatte ihr von Anfang an tiefen Eindruck gemacht. Nie hatte sie so eine tiefgründige und warmherzige Persönlichkeit kennen gelernt, schon gar nicht unter den Angeschuldigten. All ihre Kollegen, ihre bisherigen Freunde schienen neben diesem imposanten, weisshaarigen, erfahrenen und reifen Mann kleine Jungs zu sein. Seine tiefe Stimme, die Art, wie er sprach, der Ausdruck seiner Augen – nein, so jemanden hatte sie noch nie getroffen und war, ob sie wollte oder nicht, wohl zu tief beeindruckt gewesen.

Sie hatte zuerst ein paar Male schlucken müssen, bevor es ihr gelang, ihm mit seltsam dünner Stimme die erste Frage zu stellen. Milosz hatte sie mit seinen dunklen braunen Augen ernst angeschaut und gesagt: «Ich verstehe, warum Sie mich das fragen müssen, Frau Staatsanwältin, natürlich, und glauben Sie mir, ich fühle mich so schlecht, dass die ganze Geschichte diesen Verlauf genommen hat. Doch glauben Sie mir bitte auch, dass Kapor im Spital einen völlig vernünftigen Eindruck gemacht hatte. Er bestritt, jemals damit gedroht zu haben, seine Ex-Frau umbringen zu wollen. Da müsse sich Dr. Baumann geirrt haben. Überhaupt hatte er, Milosz, mit Dr. Baumann zuvor kaum sprechen können, der hatte sofort zu einer Operation eilen müssen. So war er dann ganz allein mit diesem Kapor in einem Spitalzimmer gewesen mit einer Aufgabe, die eigentlich mit dem Wissen, das er über den Fall hatte, und ohne zuvor alle Akten gelesen zu haben, gar nicht zu bewältigen war. Dennoch habe er sich Mühe gegeben, sei auf Kapor eingegangen, habe sehr unangenehme Fragen gestellt, gar gedroht, er könne nur eine positive Einschätzung abgeben, wenn er, Kapor, ehrlich und offen zu ihm sei, habe immer wieder gebohrt – und ja, Kapor blieb mit grossem Ernst dabei, dass er nie seine Exfrau umbringen würde. Er wolle doch sein eigenes, noch verbleibendes Leben nicht zerstören. Am Schluss habe er, Milosz, nicht anders gekonnt, als Kapor zu glauben.

«Konnten Sie sich sprachlich überhaupt verstehen?», hatte Dupont wissen wollen. «Ja, so wie ich Sie verstehe. Kapor war ja lange genug in der Schweiz gewesen», hatte Milosz geantwortet. «Warum glauben Sie, hat Dr. Baumann denn behauptet, Kapor habe zweimal mit dem Mord an seiner Frau gedroht.» Milosz hatte sich etwas zurückgelehnt und mit viel Überzeugung erklärt: «Sehen Sie, verehrte Frau Staatsanwältin, es waren alle unter Druck. Dr. Baumann musste sofort zu einer Operation. Kapor stand anfänglich noch unter dem Eindruck der Narkose. Bei Dr. Baumann war er noch verwirrt gewesen. Etwas später dann, bei mir, war er schon viel klarer. Genau so entstehen doch Missverständnisse, auch solche, die nicht entstehen dürften. Milosz hatte Dupont seufzend, mit weidwunden Augen, angeschaut – und um sie war es geschehen.

«Gut», hatte sie schliesslich geantwortet, «ich werde das Verfahren gegen Sie einstellen. Damit sind Sie aber noch nicht aus dem Schneider.» Milosz hatte sie fragend angeschaut. «Ich meine, nicht sicher aus dem Verfahren raus. Die Opferseite wird diese Verfahrenseinstellung vielleicht anfechten. Spätestens dann brauchen Sie eine gute Verteidigung.»

Als sie sich von Milosz verabschiedete, hatte sie sein warmer Handschlag bis in den Nacken hinauf elektrisiert. Die Einvernahme war nicht lange gegangen. Heute würde sie einigermassen früh nach Hause kommen, hatte sie damals gedacht. Als sie aber vor dem Eingang der Staatsanwaltschaft stand, regnete es in Strömen. Zu allem Überdruss hatte sie keinen Schirm dabei. Plötzlich rannte Jan Milosz hinter einem Auto hervor mit einem grossen Schirm und fragte: «Liebe Frau Staatsanwältin, ich darf Sie doch unter den Schirm nehmen und begleiten. Es wäre schade für ihr schönes Kostüm, wenn es nass werden würde. Wo soll ich Sie hinbringen? Zu einem Taxistand, zu Ihrem Fahrzeug oder ins nächste Café für einen wärmenden Cappuccino?»

Helene Dupont sass seufzend in dem abgeschlossenen Zimmer, als sie diese Geschichte rekapitulierte. Das war der Moment gewesen, genau dieser Moment, wo ihr schicksalhaftes Fehlverhalten eingesetzt hatte. Nie hätte sie mit ihm ins nächste Café gehen dürfen, in überhaupt kein Café, nirgendwohin. Aber sie war so angezogen gewesen von diesem charismatischen Mann, dass sie es dennoch tat. Und sie hatte geglaubt, die Situation im Griff zu haben. Welch ein Irrtum. Milosz und die Situation hatten sie im Griff gehabt.

Sie hatten sich dann stundenlang unterhalten, er erzählte ihr von Warschau, von seiner Ausbildung, von seiner Familie, von seinen Wünschen und von seinen Träumen – und sie hatte ihm fasziniert zugehört. Irgendwann realisierte sie, dass sie sich in diesen Mann verliebt hatte. Ein kurzer Gedanke, wie klug es war, sich als Staatsanwältin in einen Angeschuldigten zu verlieben, war ihr schon noch gekommen. Aber die grossen Gefühle hatten die Teufelchen des Zweifels zur Seite gedrängt.

Nach dem Kaffee hatte er sie nach Hause gebracht – und dort war er dann geblieben, bis gestern Abend. Niemand hatte es bisher bemerkt. Himmel, wenn Fried sie gestern Abend wirklich hätte festnehmen lassen, wäre die ganze Geschichte aufgeflogen! Ihr wurde nachträglich beim Gedanken übel. Die Nachbarn nämlich hatten nicht viel bemerkt, hielten ihn wohl für irgendeinen Freund. Ausser Frau Hug von nebenan, die dumme Kuh, die tatsächlich mal gefragt hatte: «Wohnt Ihr Onkel noch immer bei Ihnen?»

Am Anfang war es nur ein «Mit-ihr-Wohnen» gewesen, nach der zweiten Einvernahme allerdings wurde es zu einem Gewähren von Unterschlupf. Sie wusste das. Sie wusste auch, dass er keine Aufenthaltsbewilligung und keinen Wohnsitz hatte. Sie wusste ferner, dass er nicht in der Schweiz bleiben konnte, dass er festgenommen werden würde und dass sie sich strafbar machte – ja, all dies wusste sie. Aber ihre Vernunft kam nicht gegen ihre Gefühle an. Was sie allerdings noch nicht wusste, war, dass sie sich in einen charismatischen Psychopathen verliebt hatte; in einen Mann, der Gefühle wunderbar vorspielen konnte, sie aber nicht hatte.

Als sie gestern Abend zu einer Einvernahme aufgeboten worden war, hatte sie nur eine allzu klare Vorstellung davon gehabt, was kommen würde. Daher musste Milosz verschwinden.

Sie wusste, dass die Polizei bei der Hausdurchsuchung Spuren von Milosz finden würde. Es hatte ihr fast das Herz gebrochen, als sie realisierte, dass sie Jan wahrscheinlich nie mehr wiedersehen würde – sicher nicht in Freiheit. Es war ein brutales Ende für sie. Jan jedoch war völlig gefasst gewesen, hatte sie lange geküsst und gesagt: «Ich weiss, was du für mich getan und alles riskiert hast. Ich werde dich nie vergessen, Helene.»

Weinend war er gegangen. Und sie hatte sich geschworen: Nie würde sie diesen Mann verraten, nie, auch nicht, wenn man sie jetzt einsperrte; sie sass da und war völlig ratlos und verzweifelt. Wie hatte das alles geschehen können? Frei nach John Lennon: «Love was the answer». Und dieser Spruch galt auch für «Toxic Love».

Kapitel 22 Wachtmeister Sobic' Bericht

«Und?», fragte Fried, nachdem Sobic Platz genommen hatte. «Milosz hat bei Helene Dupont gewohnt», informierte Sobic. «Wir haben zwar nicht nach DNA-Spuren gesucht, weil das nicht allzu sinnvoll ist, da wir keine Vergleichs-DNA organisieren können. Aber wir haben die Nachbarn befragt und das war ergiebiger. Seit mehreren Wochen habe bei Frau Dupont ein Mann gewohnt, dessen Beschreibung durchaus auf Milosz passt. Zwar habe sich der Mann irgendwie getarnt, was ihn erst recht auffallen liess. Er hatte immer eine Mütze an und eine Sonnenbrille auf. Die Nachbarn tuschelten darüber, was das denn für ein komischer neuer Freund der Dupont sei. In der Wohnung fanden wir nicht sehr viel, geschweige denn Unterlagen, die uns weiterhelfen könnten. Es gab ein paar Männerkleider, ein Aftershave im Badezimmer, mehrere Zahnbürsten, Haarfärbemittel in Dunkelbraun – aber das meiste war weggeräumt oder mitgenommen worden. Wahrscheinlich war Milosz sofort nach dem Anruf von Fried verschwunden. Wohin, wer weiss? Sicher hat er nach den Beschreibungen der Nachbarn seinen weissen Schnurrbart abgeschnitten, die Haare dunkel gefärbt und alles gemacht, was sonst noch so zu einer Veränderung gehört. Wenn jemand weiss, wo Milosz ist, dann wahrscheinlich eben nur Helene Dupont. Die muss es ja schwer erwischt haben», meinte Sobic, «wenn sie solche Risiken eingeht. Sie war doch eine ehrgeizige Staatsanwältin, kam sehr jung zu ihrem Amt – ihr Leben war bisher eine Erfolgsgeschichte. Ich verstehe das nicht.»

«Ja, Sobic, wo die Liebe hinfällt, da bleibt sie liegen», bemerkte Fried. «Sie hat es eben noch nie ‹schwer erwischt›, die ‹Amour fou›». «Amour schon, aber nicht ‹fou›, korrigierte Sobic. Das ist nicht Liebe, das ist Wahnsinn», meinte Sobic. «Wie oft ist das nicht der Fall?», fuhr Fried fort. «Denken Sie an die Tötungsdelikte aus Leidenschaft. Mit dieser verrückten Liebe können wir Juristen doch gar nicht umgehen und letztlich die Psychologen auch nicht.»

«Ich denke, in dieser Art trifft es vor allem Frauen», meinte Sobic. «Da irren Sie sich aber, Sobic», antwortete Fried, «auch Männer sind davon betroffen. Denken Sie an die vielen Stalker aus verletzter Liebe. Die waren oft auch rasend verliebt, bevor es kippte.» «Aber die sind doch krank», wandte Sobic ein. «Unerwiderte Liebe kann krank machen», fuhr Fried fort, «die Literatur ist voll von solchen Fällen.»

Sobic war nicht überzeugt und wechselte das Thema: «Schliesslich waren Stamm und ich noch einmal in der Klinik Oberland und versuchten dort, Dokumente herauszubekommen. Denn ohne Dokumente hätte Milosz wohl seinen Job nicht bekommen. Und richtig: Milosz hatte seiner Bewerbung eine Aufenthaltsbewilligung, seinen Pass, ein Diplom der Universität Breslau und diverse Zeugnisse beigelegt. Alle lautend auf Jan Milosz. Erstaunlicherweise waren diese Unterlagen jedoch in der Kanzlei der Klinik nicht mehr auffindbar. Eine Sekretärin glaubte, sich zu erinnern, dass Milosz sie vor ein paar Wochen herausverlangt habe, um etwas nachzuschauen. In seinem Angestelltendossier fand sie nur noch eine Aufstellung der eingereichten Beilagen, aber keinen Hinweis auf die Rückgabe, auch nicht auf die Herausgabe. In dieser Klinik herrscht offenbar ein administratives Chaos.»

«Ich weiss nicht», bemerkte Fried. «Wahrscheinlich hat Milosz mit seinem durchaus auch für Männer erkennbaren Charisma und seiner Wirkung auf Frauen die Sekretärinnen ganz einfach bezirzt – erstaunlich, was dieser Mann alles zustande gebracht hat. Im Grunde genommen schon als Gutachter im Fall Kapor – und er kam immer damit durch, bis jetzt. Wo könnten wir noch suchen?» «Ich weiss nicht», antwortete Sobic nachdenklich. «Aber», fuhr Sobic fort, «nicht alle scheinen auf ihn reingefallen zu sein. Als ich die Klinik verlassen wollte, folgte mir eine Ärztin, eine Frau Dr. Sophia Kern. Sie sprach mich an und wollte wissen, was mit Milosz los sei, ob es mit dem Fall Kapor zu tun habe. Ich bejahte. Sie nickte und meinte, er hätte nie als Notfallpsychiater eingesetzt werden dürfen, schon gar nicht in einem so delikaten Fall. Er habe sie damals gefragt, ob sie nicht übernehmen könne. Sie habe jedoch mitten in einer therapeutischen Behandlung gesteckt, und die meisten anderen Klinikpsychiater hätten an einer Fortbildung teilgenommen. Milosz habe dann lautstark protestiert und ging äusserst widerwillig hin. Er sei erstaunlich früh zurückgewesen und habe ihr grinsend erzählt, das habe er schnell ‹erledigt›.»

Als sie – erst bei den Prozessnachrichten über Kapor – realisierte, was passiert war, habe sie sich nachträglich Vorwürfe gemacht. Sie hätte Milosz daran hindern müssen. Er hatte sich in der Klinik schon einiges an Fehlern geleistet, aber der Direktor habe ihn aufgrund des Psychiatermangels nicht entlassen wollen. «Dann fragte sie noch, ob er etwas mit dem Tod dieses Anwalts zu tun hätte, der die Opferfamilie in Sachen Kapor vertreten habe, und ob er deshalb verschwunden sei. Ich habe das bejaht und bat sie, das vorerst als Arztgeheimnis zu behandeln.»

«Ja», bemerkte Fried, «das Unglück hat oft verschiedenen Väter, die schicksalhaft zusammenwirken. Danach kommen immer die Bemerkungen wie, ‹wenn wir doch›, ‹wir hätten anders handeln sollen› und so weiter – doch sie kommen immer zu spät.»

«Hatte Milosz am Anfang bei der Zeugeneinvernahme in Sachen Kapor nicht irgendeine Schwester erwähnt, eine Frau Krasnapolski?» «Ja», antwortete Fried», «der Name Krasnapolski schwirrt immer noch in meinem Kopf herum. Jetzt weiss ich auch, woher ich den Namen kenne. Es gibt ein Luxushotel in Amsterdam, das diesen Namen trägt, und vor ein paar Jahren war ich mit meiner Frau in Amsterdam, zwar nicht im Hotel Krasnapolski, aber in einem anderen Hotel am Damplatz. Der Name fiel mir auf, weil er so offensichtlich nicht holländisch oder englisch war. Gut, das hat nichts mit unserem Fall zu tun. Dennoch möchte ich, dass wir genauer untersuchen, wer Frau Krasnapolski war, wann sie sich in Zürich angemeldet und wann sie sich wieder abgemeldet hat. Da können wir doch unmöglich nur auf die Aussagen von Milosz abstellen, zumal er ja dort gar nicht gewohnt haben soll.» «Man hat nach dieser Frau Krasnapolsky gesucht», antwortete Sobic, «sie aber nie gefunden. Sie sei weggezogen, hatte Milosz erzählt – oder vielleicht hat es sie ja auch gar nie gegeben und wir suchen nach einem Phantom. Milosz hat nie an der Scheuchzerstrasse gewohnt – seltsam ist das. Was wollen wir jetzt noch unternehmen?»

«Nun, die Fahndung ist ja schon länger draussen. Es gilt sie eventuell anzupassen an die veränderten äusseren Umstände, wie z.B. das neue Aussehen von Milosz. Selbst werde ich nochmals Helene Dupont auf den Zahn fühlen. Mal schauen, ob sie nicht doch noch was preisgibt. Dann observieren wir ja auch

Frau Berger Conti zu deren Schutz. Mehr können wir nicht tun.»

«Ich weiss nicht», bemerkte Sobic. «Das Ganze ist völlig vertrackt. Ich bin mir nicht einmal sicher, ob Levi umgebracht wurde, weil er schon zu viel wusste, beziehungsweise zu viel fragte, oder weil er Jude war.» Fried legte nachdenklich die Stirn in Falten: «Es gibt viele Juden in Zürich, da hätte Milosz zu tun, aber keiner der anderen hatte mit seinem Fall zu tun und ihn enttarnt. Levi hat ihn in die Probleme geritten.» Sobic schwieg nachdenklich: «Ich weiss, es ist weit hergeholt. Mir gefällt diese ‹Judenhypothese› auch nicht, aber hätte Milosz den Levi auch umgebracht, wenn dieser nicht Jude gewesen wäre, selbst wenn er ihn enttarnt hätte?» «Wissen Sie Sobic», antwortete Fried, «wenn wir beweisen können, dass Milosz Levi getötet hat, müssen wir letztlich nicht beweisen, warum er es getan hat.»

Auf Frieds Stirn zeigten sich mal wieder Denkfalten. Er schwieg einen Augenblick lang, schliesslich sagte er: «Sobic, einige Punkte Ihres Berichtes möchte ich noch genauer haben. Sie sagen, Sie hätten in Duponts Wohnung nicht weiter nach DNA gesucht, weil sie keine Vergleichsproben hätten. Mag sein, dass man in der Klinik Oberland beziehungsweise im Zimmer von Milosz keine DNA mehr gefunden hat, aber Sie haben doch welche im Büro von Daniel Levi gefunden. Haben Sie die verglichen mit der aus der Wohnung Dupont?» «Ja, wir haben sämtliche DNA-Proben eingeschickt, aber ich habe vom Labor noch keine Antwort erhalten.» «Gehen Sie dem bitte nach», hakte Fried nach. «Gut, ich werde mich schlau machen», antwortete Sobic, «und mich dann wieder melden.»

Als Sobic Frieds Büro verlassen hatte, versank Fried in tiefe Gedanken: ein als Psychiater getarnter russischer Spion in einer psychiatrischen Anstalt im Kanton Zürich. Kaum zu glauben! Spione waren ihm in seiner Karriere noch nie begegnet, jedenfalls nicht beruflich. Er kannte wohl die Spionagegeschichten aus den James Bond-Filmen und fragte sich immer wieder, worin denn der Unterschied zwischen einem Spion und einem Geheimdienstagenten bestand. Er überlegte: Spione sind im feindlichen Lager tätig und Geheimdienstagenten wie James Bond sind immer die Guten. Darum waren Spione immer die Russen und die Geheimdienstagenten die Engländer oder die Amerikaner. Na ja. Wahrscheinlich war das Leben von Milosz nicht gar so abenteuerlich gewesen wie das von James Bond.

Was waren wohl Milosz' Aufgaben gewesen? Fried nahm an, dass es die Beobachtung von Landsleuten war, die Enttarnung von Regimegegnern. Nach dem Anfang des Ukrainekrieges hatten Zehntausende Russen ihr Land verlassen und einige waren auch in die Schweiz gekommen. Wahrscheinlich musste Milosz auch ukrainische Flüchtlinge überwachen. Russen hatte es in der Schweiz schon immer viele gegeben, vor allem reiche Russen.

Fried fragte sich, wie das Leben eines russischen Spions oder KGB-Mitarbeiters wohl aussah. Wie waren sie Spione geworden? Wann hatte man sie für den Geheimdienst angeheuert? Wahrscheinlich nach einer militärischen Ausbildung. In einem James Bond-Buch von Jan Fleming hatte er immer wieder den Ausdruck «Smiert Spionam» gelesen, was übersetzt offenbar «Tod den Spionen» heisst. Was das anging, dachte Fried, waren es wohl eher die Spione, die andere umbrachten, auch wenn sie mit Sicherheit ein gefährliches Leben führten. Die Schweiz, die immer das Gefühl hatte, sich von allem raushalten zu können, beherbergte offenbar etliche russische Spione. Wie naiv die Schweizer doch waren.

Wo konnte er wohl noch ansetzen, um Milosz besser auf die Spur zu kommen? Er wusste wohl, dass Milosz als Psychiater gearbeitet hatte, aber er wusste nicht, ob Milosz als Psychiater ausgebildet war. Er wusste eigentlich gar nichts von Milosz, ausser, dass er die Frauen bezirzen konnte. Doch halt – hatte Sobic nicht etwas von dieser Frau Dr. Kern erzählt, die an den Fähigkeiten ihres Kollegen Milosz zweifelte? Wusste Frau Dr. Kern vielleicht noch mehr?

Kapitel 23 Frau Dr. Kern

Als Jan Sobic gegangen war, begab sich Dr. Sophia Kern direkt ins Direktionsbüro und teilte der Vorzimmerdame mit, sie müsse dringend mit Herrn Direktor Bösiger sprechen. Die Vorzimmerdame wollte sie zuerst abwimmeln, doch Frau Dr. Kern bestand mit Nachdruck darauf: «Es ist sehr wichtig, melden Sie mich bitte an!» Schliesslich wurde sie zu Direktor Bösiger vorgelassen.

«Was ist denn so dringend?» fragte Bösiger irritiert. «Es geht einmal mehr um Dr. Milosz», antwortete Frau Dr. Kern. «Ich weiss nicht, ob Sie es mitbekommen haben, aber nach Milosz wird gefahndet, erst noch wegen Mordes. Er soll in Sachen Kapor den Anwalt der Opferfamilie umgebracht haben. Wegen seiner problematischen Einschätzung von Kapor ist es ja bereits zu einem Verfahren gekommen. Milosz ist der Beihilfe zu Mord angeschuldigt. Haben Sie das wirklich nicht mitgekriegt?» Bösiger antwortete unwirsch: «Das mit dem Verfahren gegen Kapor schon, und dass Milosz verschwunden ist auch, aber dass er noch einen Anwalt umgebracht haben soll, das ist nicht bis zu mir gedrungen.»

«Hätte es aber sollen», bemerkte Kern bestimmt. «Das betrifft nämlich auch uns, und sicher den guten Ruf der Klinik. Wissen Sie, Herr Bösiger, ich weiss nicht, wie oft ich mich bei Ihnen schon über Milosz beklagt habe: Entweder war er unwirsch zu den Patienten – meist zu männlichen Patienten – oder dann überfreundlich, vor allem zu Patientinnen. Und bei den Ober- und Chefärzten hat er sich eingeschleimt. Das alles hat mir nicht gefallen. Zudem weiss ich nicht, wo er seine Ausbildung gemacht hat. Seine Art zu therapieren, ist alles andere als lege artis. Ich hatte mich schon gefragt, ob einfach eine spezifisch polnische Ausbildung dahintersteckt. Tut es aber nicht. Der andere polnische Psychiater, den wir hier haben, Dr. Tadeusz Lem, hat mir bestätigt, dass man in Polen eine ähnliche Ausbildung und eine ähnliche Vorgehensweise bei Therapien habe wie in der Schweiz. Er habe selbst schon ein paar Mal Probleme gehabt mit Milosz. Was mich betroffen gemacht hat, Herr Bösiger, ist, dass Sie meine Bedenken betreffend Milosz nie ernst genommen haben, ja, mich sogar einer gewissen Fremden- oder gar Polenfeindlichkeit verdächtigten. Das kann aber nicht stimmen, schliesslich komme ich mit Dr. Lem und den anderen ausländischen Psychiatern hervorragend aus. Ja, und nun haben wir ein Problem, denn die ganze Geschichte Milosz wird auch der Klinik Oberland schaden, da können Sie sicher sein. Als erstes werde ich mir überlegen, ob ich weiterhin an dieser Klinik arbeiten soll, wenn ich mit meinen Bedenken so nicht ernst genommen werde.»

«Nein, nein, Frau Kollegin», unterbrach sie Bösiger plötzlich aufgeschreckt, «Sie dürfen nicht gehen. Gerade Sie nicht, die bald Oberärztin werden wird. Wegen eines Falles können Sie doch nicht einfach alles hinwerfen.»

«Es ist nicht nur ein Fall, es wären verschiedene Fehlleistungen von Milosz und die letzten zwei sind wohl mehr als Fehlleistungen, wenn ich da an den vermuteten Mord denke. Sie hätten auf mich hören sollen – und wenn wir gerade bei Milosz sind: Ich bin der Meinung, dass man die Bewerbungen der ausländischen Psychiater besser prüfen sollte – schon um nicht selbst zur Verantwortung gezogen zu werden. Natürlich, die meisten sind professionell in Ordnung und sehr nett, aber bei einigen hapert es, weniger fachlich als sprachlich. Dr. Milosz und Dr. Lem sprechen oder sprachen gut Deutsch, aber mit Frau Dr. Lada hatten wir ja im Frühling ein Problem – und wissen Sie, was nachträglich gesehen das geradezu Zynische ist: Sie hatte die Mutter der Anwältin Frau Berger Conti, die Milosz im Verfahren wegen Beihilfe zu Mord in Sachen Kapor verteidigt hatte, fälschlicherweise in unsere geschlossene Abteilung überwiesen, letztlich nur, weil sich Ärztin und Patientin sprachlich nicht verstehen konnten. Das hat zu grösseren Problemen geführt. Da muss sich die Klinik, und das heisst vor allem Sie, Herr Bösiger, sich doch einiges überlegen. Ja, und der Fall Milosz ist noch problematischer, auch in fachlicher Hinsicht.»

Direktor Bösiger war blass geworden. «Warum hat man mir das nicht früher gesagt?»

«Nun, ich habe Ihnen meine Bedenken betreffend Dr. Milosz mehrmals mitgeteilt und meines Wissens hat das auch Dr. Lem getan. Die Geschichte mit Frau Dr. Lada ist Ihnen aber sicher noch in allzu schmerzlicher Erinnerung, nachdem die Klinik der alten Dame eine Entschädigung zahlen musste.»

«Schon, das wusste ich natürlich. Aber ich wusste nicht, dass es sich bei dieser alten Dame um die Mutter der Anwältin handelt, die Milosz in seinem Strafverfahren verteidigt hat.»

«Das wusste damals auch noch niemand, weil Milosz noch gar nicht Angeschuldigter in einem Strafverfahren war», antwortete Sophia Kern.

«Was für ein Desaster!», rief Bösiger nun aus. Er war tatsächlich aufgewacht.

«Ich werde mir Ihre Bedenken zu Herzen nehmen, Frau Dr. Kern. Milosz werde ich entlassen und mit Dr. Lada werde ich nochmals reden. Aber bitte bleiben Sie uns erhalten, Sie wissen doch, wie schwierig es zurzeit ist, Psychiater zu finden, vor allem so gute Psychiaterinnen wie Sie.»

«Danke für die etwas späten Blumen, Herr Bösiger. Ich werde es mir überlegen. Herrn Dr. Milosz können Sie allerdings nicht mehr entlassen, der hat sich sozusagen durch Flucht selbst entlassen.»

Kapitel 24 Gespräch mit Anna

«Sie hatten recht, Frau Kollegin», betonte Fried am Telefon. «Zwischen Helene Dupont und Jan Milosz gab oder gibt es wirklich eine Beziehung. Bis vorgestern Abend wohnte Milosz noch bei Dupont in ihrer Wohnung, seit fast vier Wochen übrigens. Frau Dupont hat sich damit strafbar gemacht, verschiedener Delikte sogar. Ich habe sie gestern einvernommen. Die Beziehung hat sie zugegeben, wollte mir aber nicht sagen, wo sich Milosz aktuell aufhält – sie hätte keine Ahnung. Ich glaube ihr das nicht. Wir haben es hier mit einer sehr seltsamen Liebe zu tun. Bei der gestrigen Einvernahme wurde sie schon fast romantisch. Sie habe sich in Milosz verliebt, das habe sie nicht gesucht und das könne sie auch nicht mehr ändern und sie würde ihn auch nie verraten … Zurzeit sitzt sie in Haft. Nicht so sehr wegen der strafrechtlichen Vorwürfe als vielmehr zu ihrem Schutz – und um Milosz nicht mehr Gelegenheit zu geben, bei ihr oder in ihrer Nähe unterzutauchen. Ja, Sie hatten wirklich die richtige Nase.»

Anna war nicht erstaunt. «Das ist eine neue und seltene Form von Liebe am Arbeitsplatz», meinte sie, «wobei Milosz seinen Arbeitsplatz nicht bei der Staatsanwaltschaft hatte, eher deren Kunde war. Was es nicht alles gibt! Wohl hatte ich mal eine Kollegin, die hatte mit einem Staatsanwalt ein Verhältnis, was auch zu Unabhängigkeitsproblemen führte – aber ein Angeschuldigter mit einer Staatsanwältin? Da haben die Dupont wohl alle guten Geister verlassen. Sie hätte sofort in den Ausstand treten sollen, als das Techtelmechtel, Verhältnis oder wie auch immer man das nennen will, begann. Neben dem Verlust ihrer Beziehung – gut, die hätte sie ohnehin verloren – wird sie jetzt noch die strafrechtlichen Folgen tragen müssen. Nicht klug.»

«Ja», antwortete Fried, «aber eben, ‹toujours l'amour› … Ich glaube im Übrigen nicht, dass Milosz in Frau Dupont verliebt ist, umgekehrt aber schon, und wie! All ihre Sinne und ganz besonders ihr Verstand sind dadurch getrübt. Sie ist schon fast zu bedauern. Wie sagten schon die Römer: ‹Amantes amentes› – Verrückt sind sie, die Liebenden».

«Milosz ist auch ein ganz aussergewöhnlicher Mann», fuhr Anna fort, «was ich Ihnen bereits erzählt habe. Ich geriet bei unserem ersten Gespräch fast selbst in seinen Bann. Doch bei mir war er chancenlos. Dennoch: Die Ausstrahlung, das Charisma von Milosz ist durchaus spürbar. Ein gefährlicher Mann mit zwei oder mehreren Gesichtern.» Anna erzählte Fried nochmals die Geschichte vom ersten antisemitischen Ausfall von Milosz, wie sich seine Züge von Liebenswürdigkeit zu Hass und Abscheu verzerrt hatten. «Ich weiss nicht, ob Frau Dupont einen solchen Wechsel schon mal erlebt hat, aber dann wird Milosz von einnehmend zu unheimlich. Jedenfalls möchte ich nicht in der Haut von Dupont stecken. Erinnern Sie sich Herr Kollege, beim Fall Linard sprachen wir mal über ‹Wozu verletzte Frauen fähig sind›. Ich bin auch immer wieder erstaunt darüber, wozu verliebte Frauen fähig sind. Was sie alles aushalten, ertragen, auf sich nehmen für eine Liebe oder ein Gefühl, das sie dafür halten. Und das geschieht durchaus auch intelligenten Frauen wie Frau Dupont. Das Umgekehrte gibt es wahrscheinlich auch, aber nach meiner Erfahrung aus verschiedenen Ehe-, Scheidungs- und Trennungsverfahren sind eher die Frauen zu aufopfernder Liebe, gar Hörigkeit, fähig. Das war doch auch so bei Olga Simic. Wie lange hat sie ihren Mann ausgehalten? Wie lange konnte er sie schlagen, beleidigen, ausnutzen, bis sie mal wirklich reagierte? Und da hatte er sie gleich fast zu Tode geprügelt. Ich werde es nie verstehen, dass man so viel von einem Partner aushalten und hinnehmen kann. Liebe hin oder her. Ja, das ist echt ein Film- oder Literaturstoff: Die rasend verliebte Staatsanwältin und der falsche Psychiater. Das gäbe doch einen guten Titel ab.

Apropos Ostagenten: Dahinter steht ein durchaus bekanntes System. Erinnern Sie sich an die DDR-Agenten, die DDR-Loverboys, die vor der Wende etliche Sekretärinnen von Westpolitikern in den verschiedenen Bundesämtern zu Spionagezwecken ‹anbaggerten› – und wie viele dieser Frauen fielen nicht drauf rein! Ich, glaube Agenten und Spione werden und wurden auch darin ausgebildet. Das sind sicher nicht alles Naturtalente wie Milosz. Dennoch, was machen Sie jetzt? Suchen Sie Milosz, hat man Spuren gefunden oder Hinweise, wo er sein könnte?»

«Nein», antwortete Fried, «bisher nicht. Wir haben sogar nach Spuren in der Klinik Oberland gesucht, nur dort ist er schon ziemlich lange weg. Wir haben auch Hinweise in der Wohnung der Dupont gefunden, viele seiner Kleider – er hatte ja keine Zeit mehr gehabt, in Ruhe zu packen. Aber nein, wir haben zurzeit keine wirklich guten Hinweise, aber ich werde nochmals mit Frau Dupont reden. Ich bin überzeugt, dass sie mindestens vermutet, wo er stecken könnte. Sie deckt ihn, und nachdem sie so weit gegangen ist, wird sie glauben, auch noch weiter gehen zu können. Aber Themawechsel: Haben Sie noch immer das Gefühl, verfolgt zu werden?»

«Zurzeit gerade nicht, aber ich achte auch weniger darauf. Ich würde mich sonst selbst verrückt machen. Zudem, warum soll er mich jetzt noch entführen oder töten wollen? Jetzt wissen doch alle, dass er ein falscher Psychiater ist.»

«Aber nicht alle wissen, dass er ein russischer Spion sein könnte, oder sie glauben es nicht, wie Frau Dupont. Ich weiss nicht, wieviel Gefahr von Milosz noch ausgeht, für Sie oder auch für Frau Dupont. Immerhin ist er mit ziemlicher Sicherheit der Mörder von Levi.»

«Wären nicht auch Sie gefährdet, Herr Kollege?», fragte Anna.

Fried lachte: «Das glaube ich weniger: Es ist unklug, sich mit staatlichen Stellen anzulegen und er kann ja nicht die ganze Staatanwaltschaft beziehungsweise das ganze neue Justizgebäude in die Luft sprengen. Da sehe ich keine Gefahr für mich. Doch bei Ihnen und bei Frau Dupont bin ich mir nicht so sicher. Wir können wie bisher nur davon ausgehen, besser gesagt, wir vermuten es, dass Milosz Levi aus dem Fenster gestossen hat – die KGB-Methode halt. Aber ehrlich gestanden, verstehe ich bisher auch nicht genau, warum Levi umgebracht worden ist. Was konnte er, was können Sie denn so Schädliches wissen, ausser dass er nicht Milosz ist und dass er möglicherweise ein KGB-Agent ist. Von letzteren gibt es noch etliche in der Schweiz, so jedenfalls hat mir das der Nachrichtendienst des Bundes bestätigt.»

«Wissen wir eigentlich, welche Informationswege Daniel Levi genutzt hat, um an sein Wissen zu kommen? Vielleicht hatte er schon mit seinen Fragen gewisse Kreise aufgeschreckt, sei es in Warschau oder eben in Moskau», sinnierte Anna.

«Zwei Mitarbeiter von mir prüfen zurzeit die Milosz-Akten von Daniel Levi. Aber es sind sehr wenige. Daher haben wir noch keine verwendbaren Resultate. Vielleicht hatte Milosz die aussagekräftigen schon vorher entwendet. Tja, Frau Kollegin, wenn ich mehr weiss, werde ich wieder anrufen und umgekehrt natürlich auch, nicht wahr? Passen Sie auf sich auf und ich wünsche Ihnen einen schönen Tag.»

Und es war ein schöner Tag, ein wunderschöner Spätherbsttag, der zum düsteren Fall und zu den belastenden Problemen überhaupt nicht passen wollte. Das dachte Anna, als sie nach Hause fuhr. Wie viele abhängige, gar hörige Frauen hatte sie im Laufe ihrer Anwaltszeit kennen lernen müssen! Ein Teil der Abhängigkeit war oft verbunden mit einer finanziellen Abhängigkeit, vor allem bei Ehefrauen, aber bei Helene Dupont war das sicherlich nicht der Fall gewesen. In sie war Amors Pfeil unvermittelt und unvorbereitet tief eingedrungen. Eigentlich wäre die leidenschaftliche Liebe einer verrückten Staatsanwältin zu einem Angeschuldigten noch eine romantische Geschichte und das erst noch in der absolut nicht romantischen, bedrohlich-kalten Atmosphäre der Staatsanwaltschaft.

Kapitel 25 Zurück zum Anfang

Der Mann, von dem man nicht wusste, wo er war, ob er gefährlich, ja, wer er wirklich war, sass in der ehemaligen Wohnung Krasnapolski an der Scheuchzerstrasse in Zürich, dort, wo sein Schweizer Geheimdienstauftrag begonnen hatte. Er war einmal mehr untergetaucht. Die Wohnung war allerdings nicht mehr mit Krasnapolski angeschrieben, sondern mit «Huber». Das stand auch auf dem Klingelschild bei der unteren Eingangstüre. Man war sich in der Zentrale einig gewesen, dass man seit dem Krieg in der Ukraine jeden Hinweis Richtung Osten ausradieren musste. Die Wohnung Krasnapolski war eine sichere Untertauchwohnung, «Safe Houses» nannten sie es in den Krimis. Nur, dass die Safe Houses in amerikanischen Krimis wesentlich luxuriöser ausgestattet waren als eine Untertauchwohnung des russischen Geheimdienstes. Er haderte: Die Wohnung war schon länger nicht mehr benutzt worden, schmutzig, staubig, ungelüftet – was für ein Rückschritt nach der eleganten Altstadtwohnung von Helene Dupont.

Für ihn war sie eine nützliche Idiotin gewesen, diese Dupont. Eigentlich gar nicht sein Typ Frau: Er bevorzugte langbeinige, blonde Russinnen, von denen es in der Schweiz nicht allzu viele gab. Doch Helene Dupont war eine gute Lösung gewesen. Wenn auch nicht nach seinem Geschmack, so war sie doch eine ganz attraktive Frau und vor allem hatte sie alles getan, was er von ihr wollte. Zu diesem Zeitpunkt war das goldwert gewesen.

Dafür hatte er seinen ganzen, ihm durchaus bewussten Charme eingesetzt. Warmherzig, liebevoll und empathisch war er auf Helene Dupont eingegangen. Als sie abends nach Hause kam, hatte er bereits gekocht und die Tafel schön gedeckt. Bald hatte er sich bei ihr wie zu Hause gefühlt. Auch hatte er gemerkt, dass Helene punkto Beziehungen ziemlich unerfahren war, ganz im Gegensatz zu ihm. Emotional hatte sie einen Riesennachholbedarf gehabt. Erstaunlich eigentlich für eine Frau wie sie, aber eine ideale Ausgangslage für ihn. Die heissen Nächte hatten offensichtlich ihren Verstand getrübt. Er war ein erfahrener Liebhaber, das wusste er, und es gab kaum eine Frau, die ihm widerstehen konnte – glaubte er jedenfalls.

Er hatte damals vor der ersten Einvernahme nicht bedacht, dass er nicht mehr in der Schweiz angemeldet war. Doch hatte er das Problem, das Levi skizziert hatte, sofort verstanden: Kein nachweisbarer Wohnsitz war ein Hinweis auf Fluchtgefahr. Nur aufgrund ihrer Verliebtheit hatte Dupont die Anträge von Levi nicht sofort gutgeheissen, womit er seinen Verbleib in ihrer Wohnung hatte verlängern können, was auch durchaus in ihrem Sinne schien. Es war beiden klar gewesen, dass dieser Zustand nicht ewig dauern würde, und als der leitende Staatsanwalt Helene Dupont zu einer Unterredung – oder besser gesagt, zu einem Verhör – vorgeladen hatte, war das für ihn Alarmstufe eins. Er musste verschwinden, sofort, und zwar nicht an einen Ort, der mit Helene Dupont in Verbindung gebracht werden konnte. Milosz, nennen wir ihn weiter so, war sich bewusst gewesen, dass Dupont für ihn ihre Staatsanwaltsstelle riskiert hatte, dummes Ding. Für die Zeit «danach» hatte sie gemeinsam Pläne schmieden wollen, Reisen ins Ausland vorgeschlagen, eine gemeinsame Zukunft – trotz allem. Er hatte diese Träume nie ernst genommen, aber sie hielten ihm die Dupont bei der Stange, wie realitätsfremd ihre Träume auch waren. Helene Dupont hatte offensichtlich nicht verstanden, wer er wirklich war, und wenn sie es ahnte, dann verdrängte sie es.

Der Mann, der in der Wohnung an der Scheuchzerstrasse sass, war nicht mehr derselbe Mann, mit dem Anna Berger Conti vor ein paar Wochen gesprochen hatte. Die gewellten weissen Haare waren jetzt dunkel gefärbt und kurz geschnitten, dafür hatte er sich einen Schnurrbart wachsen lassen und ebenfalls dunkel gefärbt. Gleichzeitig trug er jetzt eine Hornbrille: Er sah ganz anders aus. Es würde nicht einfach sein, ihn jetzt noch zu erkennen, oder gar festzunehmen – und das war auch gut so. Die Zentrale hatte sich am Vorabend bei ihm gemeldet mit dem Auftrag, er müsse endlich herausfinden, wer alles von den Untersuchungsergebnissen von Daniel Levi wusste oder wo dieser überall herumgeschnüffelt hatte. Dringend müsse in Erfahrung gebracht werden, wer Levi gegenüber geplaudert hatte.

Milosz hatte die ihn betreffende Akte vorsorglich aus Levis Büro mitgenommen an jenem Abend, an dem Levi starb. Er hatte die gestohlenen Akten auch studiert. Doch es war nur wenig über Milosz in die Akten gelangt. Levi hatte die Polizei in Warschau angefragt, ohne erkennbare Ergebnisse. Von der Familie des echten Psychiaters Dr. Milosz hatte er erfahren, dass Jan Milosz gestorben war. Er hatte über einen lokalen Detektiv alle Nachbarn des echten Psychiaters Milosz befragen lassen. Von wem er aber genau welche Angaben bekommen hatte, das hatte er nicht schriftlich festgehalten – und gerade das hätte die Zentrale interessiert und ihn noch mehr. Milosz war nicht mehr sicher. Er musste gewärtigen, dass er wieder eine neue Identität benötigte.

Wer wusste was? Die Dupont wusste nichts. Da war er sich sicher. Nicht so sicher war er sich bei Anna Berger. Anna Berger hatte – das wusste er von Helene Dupont – praktisch sofort ihr Mandat niedergelegt, als er verschwunden war. Sie könne nicht mit einem Klienten zusammenarbeiten, dessen Identität nicht klar war. Das war ihre Erklärung gewesen. Er war enttäuscht von dieser Frau. Immerhin war er ihr Klient gewesen und als solcher hätte er etwas mehr Loyalität erwartet und auch erwarten dürfen.

Sie war dem Levi so was von auf den Leim gegangen bei dieser staatsanwaltlichen Einvernahme. Sie hatte sich sicher auch nach der Einvernahme noch mit ihm unterhalten – und wer weiss was über ihn, Milosz, erfahren. Zudem war ihr Misstrauen ihm und Helene Dupont gegenüber spürbar gewesen. Beim ersten Treffen mit Anna Berger hatte er eine Weile den Eindruck gehabt, sie würde sehr auf ihn ansprechen. Erst nach dem ‹Judenspruch› – eigentlich war es ja nur die Feststellung gewesen, dass Levi Jude war – hatte sie sich zurückgezogen wie eine Schnecke ins Schneckenhaus, und ihn nur noch missbilligend und misstrauisch betrachtet. Er musste sie dringend nochmals sprechen, bloss, wie sollte er das anstellen? Wenn es sein musste, würde er sie entführen. Töten würde er sie nicht, warum auch. Sie hatte ihn nicht verraten und schaden konnte sie ihm als ehemaligen Klienten wohl nicht. Aber er wollte wissen, was sie wusste, was Levi ihr erzählt hatte. Er stand unter dem Druck der Zentrale.

Trübe schaute er aus dem trüben Fenster auf die noch trübere Scheuchzerstrasse. Wohin würde die Zentrale ihn nach dieser Geschichte versetzen? An einen guten Ort, hoffte er jedenfalls. Schliesslich hatte er über ein Jahr lang gute Arbeit in der Überwachung und Auslieferung abtrünniger Landsleute und anderer Staatsfeinde geleistet – so glaubte er, auch wenn die Zentrale mit ihm nicht zufrieden zu sein schien, nachdem er schuldlos in einer solch problematischen Situation gelandet war. Vor kurzem war von Genf die Rede gewesen. Das konnte er vergessen, nachdem international nach ihm gefahndet wurde. Nach Berlin, wo er vor Warschau gewesen war, konnte er auch nicht zurück. Von dort hatte er auch flüchten müssen, da ihn der deutsche Bundesnachrichtendienst auf dem Radar hatte, nachdem zuvor ein russischer Diplomat tot aufgefunden worden war.

Als russisch-polnischer Doppelbürger, der erst noch beide Sprachen sprach, war er als Agent immer sehr begehrt gewesen, vor allem, weil er einen polnischen Pass besass. Russen waren nicht erst nach dem Angriffskrieg auf die Ukraine im europäischen Ausland ungern gesehen. Schon vorher, nach der Besetzung der Krim, war den Russen Abwehr und Abneigung entgegengeweht. In Polen war es noch viel schlimmer. Dort konnten Russen kaum mehr geheimdienstlich platziert werden, vor allem nach dem Flugzeugabsturz von Smolensk: Das Flugzeug des polnischen Staatspräsidenten Lech Kaczynski war mit einem Grossteil der polnischen Regierung – insgesamt 96 Personen – abgestürzt, als Kaczynski mit seiner Delegation am Jahrestag des Massakers von Katyn die Gedenkstätte für die polnischen Opfer besuchen wollte. Das Ganze war eh schon äusserst heikel gewesen – Katyn, der Ort, an dem Stalin über 20 000 gefangene Polen in einem Wald hatte erschiessen lassen. Das Massaker von Katyn ging in die Geschichte ein als eines der vielen tragischen Kriegsverbrechen des Zweiten Weltkriegs. Dass das Flugzeug just unter diesen Umständen abstürzte, war an sich verdächtig. Die Russen jedoch stritten jede Beteiligung am Unglück ab und bezeichneten es als tragisches

Zusammenkommen verschiedener Umstände. Die Polen kamen zu anderen Untersuchungsresultaten. Die ganze Geschichte hatte das russisch-polnische Verhältnis, das noch nie gut war, noch deutlich mehr belastet. Sie wurde zu einem polnischen Trauma.

Jedenfalls war es für den russischen Geheimdienst ein grosser Vorteil, polnische Agenten zu haben wie Milosz. Sie hatten ihn als Praxisassistenten beim richtigen Dr. Milosz eingeschleust. Nach dessen Tod war es eine wunderbare Idee gewesen, sämtliche Dokumente, namentlich Staatsexamen und Zeugnisse des Verstorbenen, zu behändigen und sich im Ausland als polnischen Psychiater auszugeben. Psychiater waren überall Mangelware, und die Schweiz war für Milosz ein Gewinn gewesen. Dort wollte er möglichst bleiben. Das wiederum hatte ihm dieser Levi vermasselt. Milosz dachte nicht daran, dass er es vielleicht durch seinen russischen Spruch selbst vermasselt hatte.

Es schien sein Schicksal zu sein, immer wieder fliehen zu müssen, egal, wo er gerade war. Er ärgerte sich: Die Tarnung als polnischer Psychiater in einer psychiatrischen Klinik in der Schweiz war die bisher perfekteste gewesen. Unter mehreren polnischen Psychiatern war er nicht weiter aufgefallen. Und dann kam der verfluchte Rechtsfall Kapor. Sogar den hätte er fast ohne Kratzer überstanden, ebenso wie den nachfolgenden Fall gegen ihn beziehungsweise Milosz – wenn nicht dieser Idiot von einem Levi die Identitätsfrage gestellt hätte. Levi hatte durch vorgängige Recherchen schon einiges über ihn gewusst. Pech aber auch! Er hatte wirklich nur noch untertauchen können.

Sobald er mit Anna gesprochen haben würde, wann und wie denn auch immer, würde er das Land verlassen – jedenfalls, wenn ihm die Zentrale eine neue Identität mit entsprechenden Papieren besorgt hatte. Er musste die Zentrale besänftigen. Gestern hatte ihm Oberst Karialev von der Zentrale gedroht, er müsse sofort allfällige Lecks finden, am besten durch das Beibringen eines Verräters, der bei Levi geplaudert hatte. Dadurch, dass er, Milosz, nun schlafende Hunde geweckt habe, die Strafverfolgungsbehörden, den Schweizer Nachrichtendienst und vielleicht auch die Wirtschaftspolizei, habe er nicht nur sich, sondern auch seine Agentenkollegen in Gefahr gebracht – und das in der heiklen Zeit der russischen Spezialoperation. Er konnte nur hoffen, dass die Zentrale ihn jetzt – mit einer Fahndung und Strafuntersuchung am Hals – nicht auch noch als Sicherheitsrisiko einstufte. Das wäre für ihn der Supergau, möglicherweise gar sein Todesurteil. Und was die Zentrale mit Sicherheitsrisiken machte, wusste er nur zu gut, wenn er an Levi dachte.

Kapitel 26 Anna und der Journalist

«Ach, Herr Pünter», beantwortete Anna den ersten morgendlichen Telefonanruf in ihrem Büro. «Sie mal wieder.» «Nun, Frau Berger, es ist ja schon länger her, dass wir mal diskutiert haben. Ich möchte Sie auch nicht zu oft und zu lange behelligen, aber wahrscheinlich wissen Sie, warum ich anrufe.»

Hans Pünter, der Journalist von «Zürich Heute» und dort zuständig für Kriminalität und Verbrechen, war allen Zürcher Anwälten bekannt, die mit Strafrecht zu tun hatten, so auch Anna. Anna hatte ein sehr gespaltenes Verhältnis gegenüber Investigativ- und Sensationsjournalisten im Allgemeinen und gegenüber Pünter im Besonderen. Sie empfand viele als nervig und manchmal auch echt schädigend, wenn ihre Berichterstattung unrichtig, für ihre Klienten ehrverletzend oder, was ebenso schlimm war, unvollständig war. Und meistens war mindestens einer dieser Punkte erfüllt.

«Es geht um Jan Milosz, ihren Klienten im Fall Beihilfe zu Mord in Sachen Kapor.»

«Woher wissen Sie das schon wieder?», fragte Anna, doch sie wusste natürlich, dass Pünter überall Verbindungen und Auskunftspersonen hatte. Bisher war der dem Mordfall Kapor nachfolgende Prozess – beziehungsweise das Strafverfahren gegen Milosz – nicht gross bekannt gewesen.

«Nun», beeilte sich Pünter zu sagen, «da wurde offenbar einiges der Öffentlichkeit verschwiegen. Ich habe gehört, dass der Prozess gegen Milosz unterbrochen worden ist und Ihr Klient anschliessend verschwand. Ist das richtig so?»

«Bitte erwarten Sie nicht, dass ich mich zu einem laufenden Verfahren äussere», wiederholte Anna den ewig gleichen Spruch gegenüber der Presse. «Man hat meines Wissens der Öffentlichkeit gar nichts verschwiegen, da es noch gar nicht Thema war. Aber, darüber hatten wir es ja schon, Herr Pünter, wer ist denn die Öffentlichkeit? Immer wieder kommen Sie mit dem Recht der Öffentlichkeit auf Informationen. Dabei ist die Öffentlichkeit ein ebenso schwammiger Begriff wie ‹die Gesellschaft› oder ‹die Politik›. Man kann sie wunderbar in Argumenten anführen und niemand weiss, was man letzten Endes darunter zu verstehen hat. Die Öffentlichkeit, das sind wir doch alle! Aber Journalisten halten sich oft selbst für die Öffentlichkeit. Was die Benachrichtigungen dieser, Ihrer Öffentlichkeit betrifft, wird meines Wissens Oberstaatsanwalt Fried demnächst eine Medienkonferenz abhalten – können Sie bis dahin warten?»

«Fried ist alles andere als kommunikativ und er versteht es, mit einigen trockenen Worten nichts zu sagen. Er ist ein Frust für Journalisten», bemerkte Pünter. Anna lächelte. Sie wusste, dass Fried Pünter mal mit Beugehaft gedroht hatte, als dieser ihm nicht hatte mitteilen wollen, woher er in einem brisanten Fall sein Wissen, das sich als Täterwissen herausgestellt hatte, bezogen hatte. Seither war Fried der Buhmann bei den Journalisten, eine Rolle, die er mit Fassung trug. Somit war es für Anna jeweils eine naheliegende Reaktion, wenn sie Journalisten, durchaus etwas schadenfreudig, empfahl: «Wenden Sie sich doch an den leitenden Staatsanwalt Peter Fried.»

«Ich habe in Frieds Büro angerufen und mir wurde nur gesagt, dass Fried in den nächsten Tagen nicht zu erreichen sei, und darum wende ich mich an Sie. An Rechtsanwalt Levi kann ich mich ja nicht mehr wenden, der ist, ebenfalls nach meinen Informationen, unter ungeklärten Umständen gestorben. Es wird gemunkelt, dass er Suizid verübt hat.»

«Es wird so viel gemunkelt Herr Pünter, Sie wissen doch, dass wir – sprich Staatsanwaltschaft und Verteidiger – vorsichtig sind mit Auskünften. Es liegt ja wirklich nicht daran, dass ich Sie irgendwie schikanieren will. Aber ich will mir einfach nicht die Wahrheitsfindung oder die Verteidigung erschweren lassen. Was meinen Sie, wie sich Strafverfolger, und auch Verteidiger, fühlen, wenn sie einen Tatort besuchen wollen – und bevor sie dort ankommen, hat sich bereits eine Gruppe von Journalisten eingefunden. Dasselbe gilt für Aufenthaltsorte von Verdächtigen. Somit sind wir sehr vorsichtig mit allem, was wir nach aussen bekanntgeben. Zurzeit gibt es meines Wissens auch nichts bekannt zu geben, jedenfalls nichts, was Sie, pardon, die Öffentlichkeit, interessieren könnte. Wie gesagt, Staatsanwalt Fried wird demnächst eine Pressekonferenz abhalten mit dem, was er bisher weiss oder eben nicht weiss.»

«Na, Sie sind aber wieder motivierend, Frau Berger. Was Fried weiss, wissen Sie doch sicher auch.»

«Nein, weiss ich nicht. Schliesslich bin ich nicht die Untersuchungsbehörde, ich war lediglich am Anfang die Verteidigerin von Herrn Milosz. Dieses Verfahren ist mittlerweile sistiert, weshalb ich damit auch nichts mehr zu tun habe.»

«Aber wo ist denn dieser Dr. Milosz?»

«Eben, darüber wird Sie der leitende Staatsanwalt zu gegebener Zeit informieren. Ich möchte ihm nicht vorgreifen. Besten Dank für Ihr Verständnis und schönen Tag.»

Anna hängte schnell auf. Sie konnte nicht mehr nachzählen, wie viele solch unergiebiger Gespräche mit Pünter sie schon geführt hatte, und trotzdem gab er nie auf. Doch ihm gab man eben ungerne Auskunft, weil er aus jeder Mücke einen Skandal machte. Die Öffentlichkeit musste schliesslich auch unterhalten werden.

Kapitel 27 Ein Abend in Thalwil

Als Anna nach Hause kam, bot sich ihr wieder das vertraute Bild: Flavio und ihre Mutter in der Küche am Vorbereiten des Abendessens, je mit einem Glas Wein in der Hand. Eine Idylle, zu der sie sich irgendwie nicht mehr zugehörig fühlte. Ihre Müdigkeit schloss sie aus. Es schien ihr, als ob ihre bald 83-jährige Mutter fitter war als sie – trotz der Geschichte im Heim, die nun schon eine Weile zurücklag. Sie hatte sich erholt, während Anna sich offensichtlich nicht erholen konnte. Das Reduzieren der Arbeit und das «Sich-häufiger-Ausruhen» hatte nicht den gewünschten Effekt gehabt. Es wurde nicht besser.

Sie war Flavio und ihrer Mutter dankbar, dass sie das «Zuhause» übernahmen. Das, was sie vor ihrer Krankheit gemacht hatte, das Organisieren von Haushalthilfen, die «Betreuung» der grossen Kinder, das Organisieren von sozialen Kontakten mit Freunden, all dies machte Flavio nun auch noch. Wie lange würde das noch so gehen? Würde es überhaupt je aufhören? Doch solche Gedanken wollte sie sich nicht zu viele machen, sie drückten sie noch mehr runter.

Flavio hatte ihr einen San Bitter ohne Alkohol vorbereitet. In letzter Zeit trank Anna nichts mehr, weil das im ganzen Stress ihren Schwindel verschlimmerte. Sie setzte sich zu ihm, stiess trotzdem an und bemerkte die prüfenden Blicke von Flavio und ihrer Mutter.

Als Mirjam lachend mit Sven in die Küche kam, war Anna erleichtert. «Aha», dachte Anna, «die haben sich offenbar wieder versöhnt.» Anna zwinkerte Mirjam zu und Mirjam zwinkerte zurück. Beide lächelten.

Beim anschliessenden Abendessen waren alle dabei: Es wurde erzählt, es wurde gelacht – all dies lenkte Anna ab. Sie schaute Flavio an, das erste Mal seit längerem wirklich bewusst. Sie war so abgelenkt gewesen von ihren eigenen Problemen, dass sie erst jetzt bemerkte, dass Flavio in letzter Zeit deutlich gealtert war. Sein dunkles Haar war nun von weissen Strähnen durchzogen. Der gute Flavio, den sie schon so lange kannte, ohne den sie sich ein Leben gar nicht mehr vorstellen konnte, der so viel für sie und die Familie tat. Sie spürte Dankbarkeit und sie fragte sich, ob auch sie so sichtbar gealtert war. Klar, nur das würde ihr wohl niemand offen ins Gesicht zu sagen wagen.

Als sie später allein zusammen im Wohnzimmer sassen, erzählte Anna ihm von den Entwicklungen im Fall Milosz. «Im Grunde genommen wisst ihr ja jetzt nur, was ihr schon vermutet habt», bemerkte Flavio. «Ist das gut, ist das schlecht – ich weiss es nicht», antwortete Anna. «Und das Wichtigste, nämlich wo Milosz sich befindet, wissen wir noch immer nicht.»

«Dann habe ich für dich noch ein anderes kleines Stressthema», fuhr Flavio fort. «Wir müssen daran denken, das Haus in Zollikon zu räumen. Ich war heute mit deiner Mutter kurz dort. Du weisst ja selbst, dass es ein grosses Haus ist; das wird nicht einfach werden, alles zu räumen, und deine Mutter sperrt sich dagegen. Ihr wäre lieber, das Haus würde erst nach ihrem Ableben geräumt, denn erst dann würde sie definitiv nicht mehr zurückkönnen.»

«Sie wird eh nicht mehr zurückkehren», antwortete Anna. «Sicher», sagte Flavio, «aber mach ihr das mal klar.» «Ich werde am Wochenende mit ihr reden, wenn ich nicht zu müde bin.

Aber das Räumen des Hauses in Zollikon, mit all den Erinnerungen, ihrem ganzen Leben, dem Leben meines Vaters, den Erinnerungen an meine Kindheit und Jugend – das ist schwer. Wir werden einiges weggeben oder wegwerfen müssen und noch ist nicht klar, wo meine Mutter weiter wohnen wird. Es sieht nicht aus, als ob sie das Haus ihrer Tochter so bald verlassen möchte. Ich verstehe auch, warum das so ist.»

«Eigentlich geht es ja ganz gut mit ihr – also von mir aus kann sie gerne noch länger bleiben.» «Wie viel länger?», fragte Anna. «Mich stört sie jedenfalls nicht, im Gegenteil, sie ist mir in der letzten Zeit oft eine Hilfe gewesen, vor allem seit sie wieder einigermassen gehen kann. Auch Sandra und Mirjam kommen gut mit ihr zurecht. Wir leben jetzt so ähnlich wie eine Grossfamilie, sind ganz modern ein Mehrgenerationenhaushalt. Mit *meinen* Eltern jedenfalls könnte ich mir das nicht vorstellen.» «Eben», bemerkte Anna, «meine Mutter ist nicht deine Mutter – du hast ein wesentlich entspannteres Verhältnis zu ihr als ich, auch wenn ich sie sehr liebe.»

Kapitel 28 Verdächtige

Fried sass missmutig schon gegen halb acht in seinem Büro. Er hatte schlecht geschlafen und so sah er auch aus: Etwas zerknittert mit geschwollenen Augen. Er schlief in letzter Zeit häufiger schlecht. Da war so vieles, das ihn störte und belastete. Unglücklich war er auch mit seinem neuen Arbeitsplatz. Beim Stauffacher war er mitten in der Stadt gewesen, und der war noch relativ gut zu erreichen, jedenfalls, wenn man, wie er damals, einen Dauerparkplatz in der Nähe bezahlte. Natürlich war der Stadtverkehr dort auch nicht ohne. Doch er war ein passionierter Autofahrer, was man ihm eigentlich gar nicht geben würde. Die meisten hielten ihn für einen gutbürgerlichen, langweiligen «Bünzli» und waren erstaunt, wenn sie ihn in seinem schnittigen Cabrio vorbeibrausen sahen.

Zum neuen Justizzentrum kam man kaum mehr in vernünftiger Zeit hin, besonders, wenn man, wie er, am anderen Ende der Stadt wohnte. Die Verkehrsplaner der Stadt hatten das vorsorglich verhindert, so wie sie überhaupt alles taten, um den Autofahrern das Leben zu vermiesen. So blieb denn nur der vielgepriesene öffentliche Verkehr, sprich Tram und Bus. Nun waren Tram und Bus etwas Grossartiges für Menschen, die keine Knieschmerzen hatten und jünger und nicht klaustrophobisch veranlagt waren. Fried erfüllte alle drei Voraussetzungen nicht und litt. Wenn er Glück hatte, aber nur dann, dauerte die Tortur morgens nur zwanzig Minuten und abends – je nachdem, wie lange er arbeitete – ebenfalls zwanzig Minuten. Zum Glück musste man zurzeit keine Mundschutzmasken mehr aufsetzen, da sich die Pandemie, jedenfalls vordergründig, verflüchtigt hatte. Aber das konnte ja wieder kommen. Mundschutzmaske im übervollen Tram – schon beim Gedanken bekam er Atemnot.

Es klopfte an der Türe und Wachtmeister Sobic trat ein. Der immerhin schien schon erfreulich guter Laune zu sein. «Gestern Abend sind uns zwei verdächtige Personen vor Bergers Büro ins Netz gegangen», teilte ihm Sobic grinsend mit, «einer davon ist uns kein Unbekannter.» Sobic grinste noch mehr. «Hans Pünter von ‹Zürich Heute›. Damals im Whistleblowerfall hatten Sie ihn letztlich von der Beugehaft verschont. Allerdings scheint ihm das nicht den nötigen Eindruck gemacht zu haben, denn er behauptete, dass er nur kurz in der Enge* bei Annas Kanzlei vorbeigekommen sei. Die Kameraaufnahmen zeigen jedoch, dass er dort schon seit ein paar Stunden herumlümmelte. Die Kameraaufnahmen von der letzten Woche zeigen auch, dass Pünter immer wieder dort stand. Somit hat Pünter gelogen, aber das ist weiter nicht erstaunlich. Ich habe dann Anna Berger angerufen und sie hat mir mitgeteilt, dass Pünter bereits bei ihr angerufen habe und frustriert gewesen sei, dass sie ihm zum Fall Milosz keine Auskunft habe geben wollen. Sie habe ihn an den leitenden Staatsanwalt Fried, also an Sie, verwiesen, worauf seine Gesichtszüge wohl entgleisten, was man sogar am Telefon wahrgenommen habe. Nun, nachdem es gestern schon ziemlich spät war und ich Sie nicht erreichen konnte, habe ich ihn über Nacht reingenommen. Er sollte nämlich in der Zeitung nichts von der Überwachung schreiben, das würde Anna Berger gefährden.

---

* Zürcher Stadtteil

Solange wir Milosz nicht gefunden haben, sollte dieser Fall keine Publizität erreichen. Noch ist der Tod beziehungsweise die Umstände des Todes von Daniel Levi nicht bis in die Medien vorgedrungen – und das soll vorläufig auch so bleiben. Pünter hat sich gegen die Festnahme gewehrt wie ein Schwein, alle möglichen Drohungen ausgestossen und ja, tatsächlich nach Ihnen gefragt. Nun, habe ich gesagt, das lasse sich arrangieren, aber eben erst am nächsten Morgen und solange komme er mit auf die Wache.

Der andere, den ich ebenfalls mitgenommen habe, ist ein gewisser Pfarrer Morger. Frau Berger kennt ihn. Er hat sie schon mehrmals gestalkt und sie wird Ihnen die Geschichte selbst erzählen.» Fried runzelte die Stirn. «Ein Pfarrer, der stalkt? Auf diese Geschichte bin ich mal gespannt.»

«Soll ich zuerst Pünter einlassen?», fragte Sobic. «Ich bitte darum», antwortete Fried etwas amüsiert. Sobic liess einen hoch aufgeregten, schimpfenden Pünter ein. «Das nenne ich nun mal Diskriminierung von Journalisten. Herr Fried, das ist Freiheitsberaubung, das verstösst gegen meine verfassungsmässigen Rechte und gegen die Freiheit der Journalisten. Das ist nicht zu akzeptieren und ich werde rechtliche Schritte gegen Sie einleiten, gegen Sie und Herrn Sobic, da können Sie sicher sein.» Pünter war fast der Atem ausgegangen und sein roter Kopf war womöglich noch röter geworden.

«Herr Pünter, Sie sind mal wieder in einem hoch gefährlichen und brisanten Umfeld tätig gewesen. Sie wissen es nicht, und ich kann es Ihnen auch nicht erklären, ohne zum Beispiel Rechtsanwältin Berger zu gefährden. Es hat nämlich einen Grund, warum ihre Kanzlei überwacht wird. Auch den Grund werde ich Ihnen vorerst nicht erklären können, weil ich das laufende Verfahren nicht gefährden will. Ich kann mir nicht vorstellen, dass Sie Frau Berger wirklich übelwollen, Sie wollen sie interviewen zum Fall Milosz. Nun, das können Sie, wenn es so weit ist, aber noch nicht jetzt. Nicht einmal Ihr vielbeschworenes Recht der Öffentlichkeit auf Informationen rechtfertigt eine Gefährdung von Personen. Vielleicht sind wir uns so weit mal einig. Wenn ich von Ihnen nicht die unterschriebene Zusicherung erhalte, dass Sie bis auf weiteres und bevor ich Ihnen grünes Licht gebe, Frau Berger in Ruhe lassen, sich nicht vor ihrer Kanzlei oder gar vor ihrem Zuhause rumtreiben, und – besonders wichtig – nichts über den Fall schreiben, dann wäre ich geneigt, Sie gehen zu lassen, aber nur dann. Wir werden jetzt gegen Sie ein Rayon- und Kontaktverbot gegenüber Frau Berger Conti aussprechen für so lange, wie ich es für nötig halte. Sollten Sie dagegen verstossen, machen Sie sich wegen Zuwiderhandlung gegen ein amtliches Verbot strafbar. Auch wegen Hausfriedensbruchs. Letzteres nur schon, wenn Sie den Vorgarten zum Haus von Frau Bergers Kanzlei betreten.»

Pünter schluckte. Seine rote Gesichtsfarbe war in weissgelb übergegangen. «Gut, ich werde Anna Berger in Ruhe lassen und sie nicht mehr beobachten. Ich werde jedoch regelmässig bei Ihnen anrufen, ab wann Neuigkeiten und Informationen im Fall Milosz zu erwarten sind. Geht das auch in Ordnung?» Fried mochte grundsätzlich keine Journalistenanfragen, aber er glaubte Pünter, dass er sich an einen solchen Deal halten würde. «Gut, das können wir so halten. Wachtmeister Sobic wird Ihnen jetzt eine Vereinbarung aufstellen, im eben beschriebenen Sinne. Sie werden jetzt Herrn Sobic begleiten. Sobic, kommen Sie bitte nachher zurück und bringen Sie mir dann die andere Person rein.»

Kapitel 29 Pfarrer Huldrych Morger

Anna nahm den Anruf gleich ab, als sie Frieds Nummer erkannte. «Guten Morgen, Herr Kollege», sagte sie. Der Umgang mit Fried war etwas weniger förmlich geworden, nur duzen würden sie sich vorerst nicht. «Guten Morgen, Frau Kollegin», antwortete Fried bereits etwas wacher. «Der Tag hat ja ganz lebhaft angefangen. Uns sind vor Ihrer Kanzlei zwei Personen ins Netz gegangen, genauer gesagt, in den Überwachungskameras hängen geblieben. Wachtmeister Sobic hat beide aus Sicherheitsgründen von gestern auf heute festgehalten – sie durften gratis bei uns übernachten. Beide Personen sind für Sie keine Unbekannten, wie ich bereits gehört habe: Da ist zum einen der Journalist Pünter, den wir beide hinlänglich kennen. Ich habe mit ihm gesprochen, oder besser gesagt, ihm gedroht, was nach einer Nacht in der Ausnüchterungszelle eine andere Wirkung hat. Er wird Sie fürs Erste nicht mehr behelligen, jedenfalls nicht, solange Dr. Milosz nicht gefasst worden ist. So weit so gut. Die andere Person, über die Sie offenbar schon mit Sobic gesprochen haben, ist ein gewisser Pfarrer Huldrych Morger.»

Anna seufzte: «Ach ja, der schon wieder, oder immer noch. Ich habe – es ist bald sieben oder acht Jahre her – eine Klientin gegen seine Frau vertreten. Es war nötig, Strafanzeige gegen sie zu erstatten, weil meine damalige Klientin von ihr, so glaubten wir jedenfalls, verleumdet und bedroht worden war. Ein hässlicher Fall. Mit Herrn Morger selbst hatte ich nie zu tun. Nun –

ohne genau auf den Fall einzugehen – Frau Morger hat ein Strafverfahren mit allen Zwangsmassnahmen durchstehen müssen, und ich weiss, dass das nicht einfach ist, aber es hatte seine Gründe. Die Tathandlungen waren mittels mehrerer Briefe erfolgt. Natürlich stritt Frau Morger alles ab. Darum kam es zu einer kurzen Festnahme mit einer Hausdurchsuchung und mehreren Befragungen. Der damalige Staatsanwalt – er ist mittlerweile nicht mehr im Amt – war hin- und hergerissen. Am Schluss hatte er nur in einem Nebenpunkt Anklage erhoben und für Frau Morger ging es vergleichsweise glimpflich aus.

Erst spät merkte ich, dass mich ab und zu ein nervöser, schmaler Mann verfolgte. Ich kannte ihn nicht. Wie lange er mich verfolgte, weiss ich nicht – nun, offenbar bis heute. Im Maturajahr meiner Tochter Mirjam, vor ungefähr drei Jahren, an ihrem letzten Besuchstag im Gymnasium, fing mich Morger vor dem Eingang der Schule ab und beschimpfte mich aufs Übelste. Es dauerte eine Weile, bis ich verstand, wen ich da vor mir hatte. Denn der Fall lag damals schon einige Zeit zurück und bei den vielen Fällen, die wir Anwälte betreuen, ist es nicht immer so einfach, sich an jeden genau zu erinnern, zumal ich ja nicht den Morger selbst auf der Gegenseite gehabt hatte. Was mich besonders ärgerte und belastete, war, dass er wusste, dass ich eine Tochter auf diesem Gymnasium hatte und dass er auch nicht vor der Belästigung oder Beobachtung meiner Familie zurückschreckte.

Es wurde Strafanzeige erstattet und ein Rayon- und Kontaktverbot gegenüber mir und meiner Familie angeordnet. Ich weiss noch, dass mein Kollege Horst Zeltner auch das für mich gemacht hat. Es ist mangels Objektivität nicht gescheit, als Anwältin in eigener Sache tätig zu werden. In England sagt man, der Anwalt, der das tue, habe ‹a fool of a client› – einen verrückten Klienten. Die Verbotsverfügungen hatten aber offensichtlich nicht den gewünschten nachhaltigen Erfolg, wenn Morger jetzt, nur drei Jahre später, wieder hinter mir her ist. Wenn man bedenkt, dass da ein Pfarrer so handelt, dann ist das noch schwerer verständlich. Doch schliesslich gibt es auch Nonnen, die morden. Jedenfalls werde ich den obsessiven Hass in seinem Gesicht, als er mich vor der Schule von Mirjam beschimpfte, nicht mehr vergessen. Ich hatte zum Glück nicht viele solcher Fälle, aber natürlich, es ist ein Anwaltsrisiko und es kommt immer wieder vor. Milosz ist der erste eigene Klient, der mich bedroht, beziehungsweise verfolgt.»

«Nun, Milosz ist sicher viel gefährlicher», antwortete Fried. «Allerdings ist eine so lange Verfolgung durch einen Pfarrer auch bedenklich. Wenn er Sie jedoch hätte verletzen wollen, dann hätte er es wohl schon getan. Ich muss schon sagen, Sie haben erlesene Verfolger, Pfarrer und Psychiater, das soll Ihnen mal jemand nachmachen.» «Lieber nicht», antwortete Anna, «es schränkt das Leben schon etwas ein. Doch wenn Sie nur mich verfolgen, dann geht das ja noch. Aber bei meiner Familie, da habe ich keine, sprich null Toleranz.»

«Muss ich noch etwas wissen, Frau Kollegin? Ich werde nämlich jetzt den Pfarrer Morger einvernehmen und ihm, Sie können mir glauben, schmerzhaft auf den Zahn fühlen.» «Gern», antwortete Anna, «nur mir wäre trotz allem lieber gewesen, Sie hätten den Milosz gefunden anstelle von Pünter und Morger. Ich denke, die zwei sind nicht lebensbedrohlich, der Pünter schon gar nicht – der ist einfach nur lästig.»

Fried liess Sobic kommen, der inzwischen den Stillhaltedeal mit Pünter aufgesetzt und diesen von ihm hatte unterschreiben lassen. «Na, bringen Sie den Pfarrer mal rein», forderte er Sobic auf. Das tat Sobic auch. Fried war erstaunt über das blasse, farblose Wesen, das da eintrat. Nichts von einer pfarrherrlichen Persönlichkeit: Er sah eher aus, wie ein kleiner Ganove. Nun, das war er irgendwie ja auch. «Sie wissen, warum Sie hier sind?» «Keine Ahnung», antwortete Morger mit dünner, doch giftiger Stimme. Seine Augen bewegten sich unruhig hin und her. Dann wurde er lauter: «Ich protestiere, dass man einen guten Bürger und angesehenen Pfarrer so behandelt!»

«Nun, Herr Morger, Herr Sobic hat Sie vor dem Haus, in dem sich die Kanzlei von Anna Berger Conti befindet, festgenommen, weil Sie dort herumschlichen. Die Auswertung der dort angebrachten Überwachungskamera hat ergeben, dass es nicht das erste Mal war, und wir wissen auch, dass Sie Frau Berger Conti schon seit etlichen Jahren nachstellen. Wir wissen auch warum: Wir wissen weiter, dass Ihnen aufgrund eines Stalkings von Frau Berger vor ein paar Jahren ein Rayonverbot und Kontaktverbot auferlegt worden ist. Umso erstaunlicher, dass Sie es noch immer nicht lassen können, Herr Morger. Frau Berger Conti hat mir von Ihrem Hass und von Ihrer Obsession erzählt.» «Sie hat meine Frau kaputt gemacht», schoss es aus Morger heraus. «Meine Frau hat sich nie von diesem Strafverfahren erholt – da trägt Frau Berger eine grosse Schuld, denn ohne sie wäre das alles nicht geschehen.» «Sie wissen selbst, Herr Morger, dass Sie da falsch liegen. Frau Berger Conti hat nichts anderes getan als ihre Anwaltsarbeit, als sie in Vertretung ihrer Klientin Strafanzeige gegen Ihre Frau erhob mit dem Antrag, bei Frau Morger eine Hausdurchsuchung vorzunehmen. Dieser Antrag wurde erfüllt. Es war somit nicht Frau Berger Conti, die die Hausdurchsuchung anordnete – das kann sie gar nicht, sie ist keine Amtsperson – das hat der Staatsanwalt getan, weil er glaubte, dass Fleisch am Knochen beziehungsweise etwas an dieser Strafanzeige dran war. Offenbar ist Frau Morger relativ, wenn auch nicht ganz, ungeschoren davongekommen. Und statt darüber froh zu sein, belästigen Sie nun seit Jahren Frau Berger Conti und offenbar auch ihre Familie. Was versprechen Sie sich eigentlich davon?»

Die Veränderung der Gesichtszüge von Pfarrer Morger war eindrücklich. Nun war der von Anna beschriebene Hass, das Böse in Morgers Augen, deutlich erkennbar. «Es wäre nie zu einer Hausdurchsuchung gekommen, wenn Rechtsanwältin Berger den Staatsanwalt nicht überredet hätte. Sie war der Spiritus Rector. Sie war die Teuflische in diesem Verfahren ...»

«Stopp», sagte Fried, «das Wort ‹teuflisch› mag ich weder hier noch in einer Kirche hören. Das Teuflische haben Sie, wenn schon, in Ihren Augen. Ich habe mir die Akten des Falles Morger kommen lassen und angeschaut. Die Immunität von Frau Morger, selbst Beamtin, war vom Obergericht aufgehoben worden; auch das ist ein Hinweis dafür, dass die Strafanzeige zu Recht erhoben worden war. Nochmals: Ihr Hass richtet sich gegen die falsche Person. Und überhaupt, haben Sie nichts anderes zu tun, als zu hassen? Sie, der Sie als Pfarrer die Kirche vertreten, die Liebe und Vergebung predigt? Beenden Sie das Stalking, oder Sie machen sich selbst noch – wie nannten Sie es bei Ihrer Frau? – kaputt.

Und jetzt hören Sie von mir eine Predigt anderer Art: Sie werden erneut ein Rayon- und Kontaktverbot auferlegt bekommen, sowohl gegenüber Frau Berger Conti als auch gegenüber den Mitgliedern ihrer Familie. Sollten Sie gegen diese Anordnung verstossen, werden Sie wegen wiederholter Zuwiderhandlung gegen eine amtliche Verfügung bestraft. Doch das kennen Sie ja schon. Dann werde ich Ihren Fall einem Kollegen übergeben, der aktuell den Tatbestand der Nötigung und des Hausfriedensbruches – Sie standen schon im Vorgarten des Hauses, in dem sich Frau Berger Contis Kanzlei befindet – überprüfen wird.» «Es gibt in der Schweiz keinen Stalkingtatbestand», warf Morger wütend ein. «Aha, da hat sich jemand erkundigt und juristisch schlau gemacht. Sie irren sich: Nachhaltiges Nachstellen – Stalking in einer gewissen Intensität – kann den Tatbestand der Nötigung erfüllen. Wie gesagt, wir werden das prüfen. Also: Sollten Sie Frau Rechtsanwältin Berger Conti oder ein Mitglied ihrer Familie noch einmal in irgendeiner Form belästigen, dann wird das für Sie höchst unangenehme Folgen haben. Spätestens dann wird auch die Kirchenleitung davon erfahren, und die hat wohl schon genug Probleme mit dem fortschreitenden Mitgliederschwund. Sie können jetzt gehen. Amen.»

Fried lehnte sich zurück. Er stellte nicht zum ersten Mal, fest, dass ihm sein Beruf eigentlich keine Freude mehr machte, und seit dem Umzug ins Polizeizentrum noch weniger. Sollte er sich früher pensionieren lassen? Er war jetzt dreiundsechzig Jahre alt und träumte davon, mit seiner italienischen Frau Carmela in den Süden zu ziehen. Wärme und süsses Nichtstun, in einem südlichen Garten ohne Stress: Er träumte vor sich hin und schlief dabei fast auf seinem Bürostuhl ein.

Kapitel 30   Ein seltsamer Besuch

Anna war gerade in ihrer Kanzlei eingetroffen, als Astrid ihr meldete, es warte für sie eine Dame, die sie unbedingt sprechen wolle, eine Frau Helene Dupont. Die Dame habe aber keinen Termin – was sie machen solle. «Lass sie nur noch etwas warten, Astrid», antwortete Anna, «ich muss da erst ein paar Erkundigungen einziehen.» Anna rief bei Staatsanwalt Fried an. Der war allerdings nicht zu sprechen, weshalb sie es weiter bei Wachtmeister Jan Sobic versuchte. Sobic klärte sie darüber auf, dass Helene Dupont am Vorabend aus der Sicherheitshaft entlassen worden sei. Wohl laufe ein Verfahren gegen sie, aber es habe keinen Grund gegeben, sie noch länger festzuhalten, ausser den, dass Milosz zu ihr zurückkehren könnte. Daher werde Duponts Wohnhaus noch immer observiert. Er wisse durch die Überwachungskamera, dass Dupont bei ihr erschienen sei. Man habe sie aber nicht warnen wollen; man gehe davon aus, dass Helene Dupont für sie, Anna Berger Conti, nicht gefährlich sei. «Es wäre aber gut, wenn Sie rausfinden würden, was Helene Dupont von Ihnen will. Ich werde Staatsanwalt Fried so bald wie möglich informieren.»

Anna bat Astrid, Frau Helene Dupont ins Sitzungszimmer zu bringen. Sie war selbst gespannt, was Dupont von ihr wollte. Als Anna ins Sitzungszimmer kam, erschrak sie ob der Veränderung, die diese Frau in so kurzer Zeit gemacht hatte. Aus der attraktiven, freundlichen, gepflegten Helene Dupont, war in dieser kurzen Zeit eine nervöse, ungepflegte, abgemagerte Erscheinung geworden. Sie tat Anna fast leid.

«Was wünschen Sie, Frau Dupont, was führt Sie ausgerechnet zu mir?» Helene Dupont schwieg einen Augenblick. Dann atmete sie tief ein, als ob sie sich Mut einatmen müsste und fragte: «Wissen Sie etwas von Jan Milosz? Wissen Sie vielleicht, wo er sein könnte? Ich muss ihn unbedingt sprechen.» Anna sah sie erstaunt an: «Wie Sie wissen, habe ich das Mandat unmittelbar nach der Verhandlung niedergelegt, weil ich nicht einen Klienten vertreten kann, der einfach so verschwindet und der mir zuvor auch nicht die Wahrheit gesagt hat. Seit er verschwunden ist, habe ich gar nichts mehr von ihm gehört. Wo er sein könnte, wer er sein könnte, was er vorhaben könnte, darüber müssen Sie sich mit Herrn Staatsanwalt Fried unterhalten. Genau weiss es meines Wissens niemand, es gibt nur Vermutungen.»

«Das weiss ich», warf Helene Dupont ein. «Ich weiss, dass es völlig abwegige Vermutungen gibt. Ich weiss, dass Herr Fried meint, Jan habe Daniel Levi ermordet, doch dafür gibt es meines Wissens gar keine Beweise. Warum hätte Jan dies tun sollen?» «Ja, warum?», antwortete Anna. «Wenn Sie das herausfinden wollen, dann wenden Sie sich bitte wie erwähnt an Staatsanwalt Fried. Ich kann Ihnen nichts sagen und selbst wenn ich etwas wüsste, würde ich Ihnen nichts sagen. Wie Sie wissen, habe ich Jan Milosz nur für kurze Zeit als Anwältin verteidigt. Schon deshalb kann ich nichts über ihn sagen.»

«Ich will beweisen», fuhr Dupont fort, «dass Jan Milosz nichts mit dem Mord an Daniel Levi zu tun hat. Ich möchte nicht der Begünstigung eines Mörders angeklagt werden. Das können Sie sicher verstehen. Gegen mich läuft jetzt schon ein Strafverfahren und auch ich brauche rechtlichen Beistand und das führt mich zu einer weiteren Frage. Wen können Sie mir als Verteidiger oder Verteidigerin empfehlen?»

Anna wunderte sich. Helene Dupont hatte doch in ihrem Beruf sicher genug Anwälte und Anwältinnen erlebt, auch wenn sie erst vor kurzem Staatsanwältin geworden war. Zudem hatte sie auch aus der Studienzeit sicher ihre Beziehungen. Warum fragte sie ausgerechnet Anna?

«Sicher brauchen Sie eine Verteidigung. Sie stehen jetzt mal auf der anderen Seite eines Strafverfahrens. Vielleicht werden Sie danach auch verstehen, warum möglichst früh ein Verteidiger oder eine Verteidigerin zugezogen werden sollte. Leider bedenken das die Strafverfolgungsorgane oft nicht. Wie in Fernsehkrimis gelten Rechtsanwälte als störend, bis man selbst in ein Strafverfahren kommt. Stören müssen wir Anwälte oft, schon um des Rechts willen. Nun, ich kann für Sie kein Mandat übernehmen und ein Kollege aus meiner Kanzlei auch nicht. Dadurch kämen wir in einen Interessenskonflikt.»

Helene Dupont sackte noch mehr in sich zusammen. Mit Mühe erhob sie sich und fragte: «Darf ich Sie bitten, mir wenigstens mitzuteilen, wenn Sie etwas von Jan Milosz hören, oder, wenn er sich bei Ihnen meldet, ihm auszurichten, dass ich ihn unbedingt sprechen muss. Wissen Sie, er ist ein so guter, warmherziger Mann, so ganz anders als Sie und Staatsanwalt Fried ihn darstellen.»

Anna schaute sie mitleidig an und dachte: «Ja, anders ist er wirklich, aber anders ‹anders›» – und antwortete: «Sie wissen, dass ich das nicht tun kann und dass ich das nicht darf. Sie sind doch selbst Juristin, gar Strafrechtsexpertin, eine ehemalige Staatsanwältin» – beim Wort «ehemalig» zuckte Helene Dupont zusammen – «und es erstaunt mich, dass Sie mich so was fragen. Vor der staatsanwaltlichen Einvernahme in Sachen

Beihilfe zu Mord an Olga Simic habe ich Jan Milosz nur zweimal gesehen; für ein kurzes Vorgespräch und kurz bevor die Einvernahme anfing. Nachher habe ich ihn nie mehr gesehen oder gehört. Ich bin keine Vertrauensperson von Jan Milosz, möchte es auch gar nicht sein und – erlauben Sie mir den Hinweis – Sie sollten sich ganz genau überlegen, ob Sie seine Vertrauensperson sein wollen. Sie können sich an Milosz im Grunde genommen nur die Finger verbrennen, haben Sie ja schon.»

Helene Dupont stand auf. Ein Bild des Jammers. Anna begleitete sie hinaus und verabschiedete sich. Doch Helene Dupont brachte keinen Ton heraus. Als Helene Dupont gegangen war, versuchte Anna es noch einmal bei Staatsanwalt Fried. Dieses Mal nahm er ab. «Ich habe schon durch die Überwachung und später von Sobic erfahren, dass Sie ungewöhnlichen Besuch in Ihrer Kanzlei erhalten haben. Was wollte Helene Dupont von Ihnen?» Anna informierte Fried kurz über das Gespräch. Sie beschrieb ihm auch den traurigen Eindruck, den eine mittlerweile völlig verhärtete Helene Dupont auf sie gemacht hatte. «Armes Mädchen», antwortete Fried ebenfalls betroffen. «Wie hat sie in ihrem Leben nur so falsch abbiegen können?»

«Was geschieht jetzt mit ihr», wollte Anna wissen. «Nun», meinte Fried, «das Verfahren wegen Begünstigung läuft. Mein Kollege Urfer überlegt sich noch zusätzlich ein Strafverfahren wegen Amtsmissbrauch. Den sehe ich allerdings weniger. Ohnehin glaube ich, dass Dupont auch so schon genug gestraft ist.»

Kapitel 31 Miroslav Simic

Ein paar Tage später erhielt Staatsanwalt Fried wieder einen Anruf von Sobic, der ihm mitteilte, man habe eine weitere verdächtige Person vor Annas Kanzleihaus angehalten und kontrolliert: «Es handelt sich um Miroslav Simic, den Vater der verstorbenen Olga Simic. Er hatte im Übrigen eine Schusswaffe auf sich. Einen Waffenschein besitzt er allerdings nicht. Soll ich ihn zu Ihnen bringen oder zuerst zu Anna Berger?»

«Bringen Sie ihn zuerst zu mir», antwortete Fried. «Ich glaube zwar nicht, dass Miroslav Simic Anna Berger gefährlich werden könnte, aber ich möchte schon wissen, warum er eine Schusswaffe bei sich trägt, wie er sie in die Schweiz einführen konnte und warum er keinen Waffenschein hat.»

Einige Zeit später klopfte es bei Fried und Sobic trat mit Miroslav Simic ein. Fried bat Simic, sich zu setzen und hob zu sprechen an: «Herr Simic, Sie haben Wachtmeister Sobic nicht sagen wollen, was Sie bei Frau Rechtsanwältin Anna Berger Conti zu suchen hatten oder was Sie von ihr wollten. Ich möchte das wissen und auch, warum Sie eine Waffe bei sich tragen, und woher Sie diese haben. Nach Aussagen von Herrn Sobic haben Sie keinen Waffenschein.»

Simic schaute Fried traurig an. «Die Waffe habe ich nicht eingeführt: Es ist die Waffe meiner verstorbenen Tochter Olga und die hatte einen Waffenschein. Zurzeit räumen wir ihre Wohnung und dabei ist mir die Waffe in die Hände gefallen. Das können Sie von mir aus gerne kontrollieren. Olga hatte die

Waffe, weil sie sich einer ständigen Bedrohung von Branko Kapor und dessen Familie ausgesetzt sah. Ich denke, auch das lässt sich nachweisen – und dann wollte ich Frau Rechtsanwältin Berger Conti besuchen, um herauszufinden, ob sie eine Ahnung hat, wo sich dieser seltsame Dr. Milosz aufhält. Immerhin war sie seine Anwältin. Ich habe nichts gegen Frau Berger Conti, es ist das Einzige, was ich wissen wollte.»

«Warum wollten Sie das denn wissen? Wollten Sie Milosz erschiessen?» «Das würde ich am liebsten tun, ja», antwortete Simic. «Der Gedanke ist mir tatsächlich gekommen.» «Nun, wir wissen nicht, wo sich Milosz aufhält», antwortete Fried. «Auch Frau Berger weiss es nicht; zudem hatte sie umgehend nach der Einvernahme bei Staatsanwältin Dupont das Mandat Milosz niedergelegt. Wie Sie vielleicht mitbekommen haben, wird nach Dr. Milosz gefahndet.»

«Ich habe noch von Rechtsanwalt Daniel Levi erfahren, dass er davon ausging, dass Milosz nicht Milosz ist. Im Grunde genommen macht das seine Zeugenaussage im Strafverfahren gegen Kapor noch schlimmer: Er war gar nicht befähigt, eine solche Auskunft, eine Unbedenklichkeitserklärung abzugeben. Hat das nicht auch für die Klinik Oberland Konsequenzen? Wie gut hatten die dort die Bewerbung von Milosz, einem polnischen Psychiater, vor dessen Anstellung geprüft? Mit seiner Unbedenklichkeitserklärung hatte er Kapor doch erst ermöglicht, meine Tochter zu ermorden. Schauen Sie, Sie waren bei der Verhandlung gegen Kapor nicht dabei. Ich war dabei. Meine Frau konnte es nicht: Sie hätte es nicht ausgehalten – ihr Herz ist ohnehin gebrochen.» Simic schluckte.

«Glauben Sie mir, Herr Staatsanwalt, die Aussage von Milosz war eine unglaubliche Nummer. Trotz seiner Schuld – und ich finde, dass er eine schwere Schuld trägt – haben ihm alle mit Sympathie zugehört. Er verstand es geradezu charismatisch darzulegen, wie sehr er es bereute, sich so geirrt zu haben. Er habe mit gutem Gewissen, absolut lege artis, seine Einschätzung gemacht und begründet. Er sei selbst völlig erschlagen gewesen, als Kapor dann Olga tatsächlich ermordet habe – und das so schnell nach seiner Freilassung. Er hätte doch nie einen solchen Mord in Kauf genommen, ja nicht einmal daran gedacht, sonst hätte er diese Auskunft nicht erteilt. Man könne ihm jetzt doch nicht diesen Mord anhängen: Der Täter sei Kapor und er, Milosz, sei sich nicht bewusst gewesen, was für eine Tragweite seine Einschätzung – und eine Einschätzung sei kein Gutachten – habe. Heisse es nicht, ‹den Letzten beissen die Hunde›? Genauso fühle er sich nun. Die Polizei habe doch einen Sündenbock gebraucht, weil sie selbst nicht genügend recherchiert hatte, und daher voll auf die Auskunft eines kurzfristig und in Eile zugezogenen Notfallpsychiaters abgestellt. Über Milosz' Gesicht liefen Tränen, er wirkte absolut authentisch und brachte es tatsächlich fertig, dass alle im Gerichtssaal Mitleid mit ihm hatten. Der Heuchler! Nach dieser Zeugenaussage habe ich lange mit Daniel Levi gesprochen, der selbst völlig überfahren und beeindruckt von dieser Zeugenaussage war. So was sehe man selten, meinte er, und in dieser Situation würde die Staatsanwaltschaft oder der Richter wohl kein Strafverfahren gegen Milosz einleiten. Doch das würde er, Levi, tun. Milosz sei ein falscher Fünfziger, ein Blender und er habe Schuld auf sich geladen. Das dürfe man nicht auf sich beruhen lassen. Daraufhin hat Levi dann die Strafanzeige gegen Milosz eingereicht. Er hatte sie hervorragend begründet. Wissen Sie, Levi hat mich und meine Familie in dieser schweren Situation sehr unterstützt und begleitet. Er hat die Situation und – wie sagt man heute – die ‹gefakte›

Aussage von Milosz sofort erkannt und schätzte die Aussage von Milosz so ein, wie wir.»

«Was wollen Sie von Milosz, wenn Sie ihn finden?», fragte Fried nochmals. «Ich möchte ihm den Kopf waschen, meine Meinung sagen, ihn verdammen, vielleicht schlagen, aber ich denke nicht, dass ich jemanden umbringen kann, nicht einmal Milosz», sagte Simic.

«Nun, da Sie wissen, dass Anna Berger Conti auch nicht weiss, wo Milosz ist, würde ich vorschlagen, dass Sie sie in Ruhe lassen. Sie ist mit diesem Fall schon genug belastet und der Tod ihres Kollegen Levi macht ihr schwer zu schaffen. Ich möchte Ihnen auch raten, von Milosz abzulassen, selbst wenn Sie ihn finden. Gegen ihn läuft ohnehin ein Strafverfahren. Überlassen Sie die Reaktion auf sein Verhalten oder – wenn man so will – die Rache der Justiz. Dafür allerdings müssen auch wir ihn erst finden.»

Simic schwieg und nickte bedrückt. «Woher können Sie eigentlich so gut Deutsch sprechen?», fragte Fried abschliessend. «Ich habe früher mehrere Jahre in der Schweiz gearbeitet und in den letzten Jahren haben wir Olga oft besucht. Wir sind jetzt noch regelmässig in Zürich. Olgas Wohnung haben wir noch eine Zeit lang behalten. Meine Frau glaubt, dass sie dort Olga am nächsten bleibt», sagte Simic, bevor er sich verabschiedete.

Kapitel 32   Anna und Marco Levi

«Ich wollte nur wissen, wie es Ihnen geht», fragte Marco Levi am Telefon. «Eigentlich sollte ich eher fragen, wie es Ihnen geht», antwortete Anna, «und wie geht es Ihrer Schwägerin Rebekka und den Kindern?» «Nun, den Umständen entsprechend eben. Rebekka ist in ihrer Familie und in ihrem Freundeskreis gut aufgehoben. Das ist in ihrer Situation das Wichtigste. Das gilt auch für mich. Daniel und ich waren nur ein Jahr auseinander. Er war mein älterer Bruder und er ist, seit ich mich erinnern kann, so sehr Bestandteil meines Lebens, dass ich noch immer nicht weiss, wie es ohne ihn weitergehen soll. Doch trotz allem: Erzählen Sie mir jetzt, wie es Ihnen geht mit Ihren Long-Covid-Beschwerden?»

«Auf und ab, zurzeit etwas besser. Ich bin wieder etwas mehr in meiner Kanzlei.»

«Ja, das weiss ich, aber Sie werden offenbar überwacht. Ich wollte Sie kürzlich besuchen und wurde angehalten und musste mich ausweisen. Darum habe ich gedacht, ich rufe Sie jetzt zuerst an und vielleicht können wir uns mal treffen.»

«Wann waren Sie denn bei mir?»

«Vorgestern, aber Sie waren nicht da.»

«Richtig», antwortete Anna, «mein Kollege reklamiert schon, dass die Polizei potenzielle Klienten abschrecke. Aber diese polizeiliche Bewachung wird wohl nicht mehr lange dauern.»

«Warum werden Sie denn bewacht? Geht man davon aus, dass Sie, ähnlich wie Daniel, in Gefahr sind?», fragte Marco Levi.

«Nun, man schliesst eine Gefahr jedenfalls nicht aus. Ich weiss im Wesentlichen alles, was Daniel Levi auch wusste, und das scheint gefährliches Wissen zu sein. So jedenfalls sieht es der leitende Staatsanwalt. Ich bin mir nicht sicher, ob ich wirklich in Gefahr bin, aber sicher ist sicher. Ich denke, die Bewachung wird so lange bleiben, bis von Milosz keine Gefahr mehr ausgeht. Allerdings weiss man noch immer nicht, wo er sich aufhält.»

«Das habe ich von unseren zwei Anwälten erfahren, aber mehr nicht», antwortete Levi, «Daniels Unterlagen betreffend Milosz hatte der Mörder offenbar mitgenommen. Doch wir werden nicht aufgeben. Gerne hätte ich von Ihnen die ganze Geschichte mal aus Ihrer Sicht gehört. Wie kamen Sie an Milosz als Klienten? Was war Ihr Eindruck von ihm?»

«So viel gibt es dazu nicht zu erzählen, jedenfalls nichts, was Sie wahrscheinlich nicht schon wüssten. Dass Milosz antisemitische Verwünschungen von sich gab, das haben Sie ziemlich sicher schon erfahren.»

«Ja, das ist auch nichts Neues, das passiert uns häufiger, aber das kann doch wohl nicht der Grund für den Tod von Daniel sein.»

«Nicht der einzige Grund, nehme ich an», bemerkte Anna, «aber ich fürchte, es hat etwas mitgespielt.»

«Was mich erstaunt, ist, dass in den Zeitungen bisher noch nichts erschienen ist, was den Fall Milosz oder den Tod meines Bruders betrifft. Noch scheint man von einem Suizid oder einem Unfall auszugehen.»

«Nun, Anfragen gab es durchaus, der Journalist Pünter von ‹Zürich Heute› ist immer sehr à jour. Jedenfalls hat er schon mich und Staatsanwalt Fried behelligt. Er schlich hier auch schon mehrmals ums Haus, was durch die Beobachtungskamera aufflog. Fried hat ihm in der Zwischenzeit einen Maulkorb auferlegt. Er will nicht, dass publik wird, dass ich überwacht werde. Das würde Spekulationen Tür und Tor öffnen, so im Sinne von: Fall Milosz, Geschädigten-Anwalt tot, Verteidigerin wird überwacht.

«Allerdings», antwortete Levi, «ob Täter oder Opfer, die Medien sind immer ein zusätzliches Problem. Ich möchte vor allem verhindern, dass Rebekka und die Familie von Journalisten heimgesucht werden. Eigentlich bin ich schon fast dankbar, dass meine Eltern nicht mehr leben, dass sie das nicht mehr durchstehen müssen. Aber, darf ich Sie nochmals fragen? Wie kam dieser Milosz zu Ihnen?»

Anna erzählte Marco Levi eine Kurzfassung der Geschichte von ihrer Mutter und vom Deal mit ihrem Kollegen Zeltner. «Es war wirklich Zufall, dass so bald nach der Psychiatergeschichte meiner Mutter ein neuer Psychiaterfall in unser Büro geschneit kam – und ja, ich hatte meinem Kollegen doch versprochen, dass ich einen solchen Fall übernehmen würde.»

«Das war mutig», meinte Marco Levi. «Nicht wirklich», antwortete Anna. «Ich hatte ja keine Ahnung, worauf ich mich einliess, beziehungsweise wohin mich dieser Fall führen würde. Aber nach den Erfahrungen mit Psychiatern in diesem Jahr werde ich wohl nicht mehr so schnell einen Psychiater vertreten – wobei das wahrscheinlich auch unfair ist. Ich denke, es gibt viele hochanständige Psychiater und sie sind, wie wir Anwälte, in einem delikaten Bereich tätig. Allerdings, wenn ein Psychiater einen Fehler macht, so ist das nicht zu vergleichen mit einem Kunstfehler eines anderen Facharztes, allein schon wegen der Kausalität des Fehlers nicht, was ja im vorliegenden Fall Milosz auch das Problem war. War die Unbedenklichkeitserklärung durch Milosz im Fall Kapor kausal, besser gesagt mitkausal, für den Tod von Kapors Frau?» Sowohl Levi als auch Anna schwiegen eine Weile.

«Darf ich Sie vielleicht mal zum Essen einladen?», fragte Levi. «Das müssen Sie nicht, ich komme auch so», antworte Anna und lächelte. «Machen Sie mir doch einen Vorschlag.» «Wie Sie wissen, ich bin ich im Hirslanden tätig, also auf der anderen Seeseite als Sie.» «Wir könnten ins Restaurant Razzia im Seefeld gehen», schlug Anna vor. «Kenne ich nicht», meinte Marco Levi, «klingt aber sehr nach Ihrem Beruf.» Anna lachte – das erste Mal seit langem. «Oh nein, das hat damit gar nichts zu tun: Es ist ein umgebautes, ehemaliges Kino mitten im Seefeld, ganz elegant mit guter Küche, jedenfalls wieder; in der Pandemie hatte es gelitten und war längere Zeit geschlossen», antwortete Anna. «Und wann?», fragte Levi. «Lieber zu einem Lunch als zu einem Dinner, Herr Levi. Aufgrund meiner Long-Covid-Probleme bin ich abends meistens ziemlich erledigt, aber mittags noch fit genug. Sagen wir Ende nächster Woche, zum Beispiel am Donnerstag?»

«Einverstanden», sagte Marco Levi, «ich werde reservieren. 12:00 Uhr?»

«Gut», antwortete Anna, «die Themen werden uns ja wohl nicht ausgehen.»

«Das glaube ich auch. Ich freue mich trotz der belastenden Themen, die wir wahrscheinlich besprechen werden.» Nach dem Anruf blieb Anna ruhig sitzen. Sie hatte Marco Levi noch nicht oft gesehen, aber wenn, dann immer zu traurigen Anlässen. Das erste Mal bei der Beerdigung von Gian Cla Linard, dem Gastroenterologen, dem zu Unrecht ein Sexualdelikt vorgeworfen worden war. Alle hatten sich von Gian Cla Linard distanziert, vor allem alle seiner Ärztekollegen. Ein Mensch in einem Strafverfahren wird wie ein Aussätziger behandelt, nur damit man nicht mit dem Verfahren irgendwie in Verbindung gebracht wird. Marco Levi war damals Präsident des Zürcher Ärzteverbandes gewesen und der einzige Kollege, der sich nicht von Gian Cla Linard distanziert, ja ihm sogar geholfen hatte. Er hatte sich betroffen gezeigt vom Verhalten seiner Berufskollegen, denn schliesslich hätte jedem von ihnen das oder Ähnliches auch passieren können. Marco Levi war sogar an die Beerdigung von Gian Cla Linard gekommen und die hatte nicht etwa in der Nähe, sondern im von Zürich ziemlich entfernten Unterengadin stattgefunden. Leider gab es nicht viele solcher Persönlichkeiten wie Marco Levi, die ihr Mitleid und das Gefühl für Fairness schwerer gewichten als ihre Angst vor Unannehmlichkeiten.

Kapitel 33 **Die Medien**

Noch bevor sie am nächsten Morgen das Haus in Thalwil verliess, bekam Anna einen Anruf von Horst Zeltner. Er klang aufgeregt: «Anna, die Bombe ist am Platzen. Heute erschienen in mehreren Zeitungen Artikel über den Fall oder die Fälle Levi/Milosz. Man sieht den Artikeln an, dass die Journalisten nicht genau wissen, was wirklich passiert ist. Vieles scheint oder ist Spekulation. Astrid hat die Artikel gesammelt und auf deinen Schreibtisch gelegt. Mit der ungestörten, ruhigen Fahndung nach Milosz ist es nun wohl vorbei.» Anna seufzte: «Na, das war ja wohl irgendwann zu erwarten – es ist eigentlich noch recht lang gegangen, bis in diesem Fall die Schlagzeilen erschienen sind. Ich mache mich jetzt auf den Weg in die Kanzlei und freue mich auf die Zeitungsartikel.» Zeltner grinste. Anna konnte noch immer zynisch sein.

Anna überlegte sich auf der Fahrt, was für Konsequenzen es haben würde, dass dieser Fall nun an die Öffentlichkeit gekommen war. Es würde wieder etliche Anfragen von Journalisten provozieren, bei ihr, bei der Staatsanwaltschaft und – das musste man möglichst verhindern – bei der Familie Levi. Die düstere Nachricht passte zum düsteren Wetter; es war Spätherbst geworden und man roch bereits den Winter in der Luft. Der Regen prasselte auf die Frontscheibe, es war so richtig ungemütlich. Als sie in ihrer Kanzlei ankam, fing sie an, die fünf Zeitungsausschnitte, die Astrid ihr hingelegt hatte, zu lesen. «Zürich Heute» war auch dabei. Nur war der Artikel nicht mit

Pünter unterschrieben. Hatte er damit die Vereinbarung mit Fried umgehen wollen? Sie würde ihn fragen. Der Stil war allerdings durchaus von Pünter, die Schlagzeile: «Der Tod von Rechtsanwalt Levi: Suizid oder Mord?» und unten etwas kleiner: «Wo ist der verschwundene Psychiater Dr. Milosz?». Garniert war der Artikel mit einer kurzen Zusammenfassung des Falles Kapor. Erwähnt wurde auch die Zeugenaussage von Milosz im Prozess gegen Kapor und die Tatsache, dass gegen Milosz ein Strafverfahren wegen Beihilfe zu Mord lief. Letzteres war noch nicht öffentlich bekannt gewesen. Dem Artikel beigefügt waren Fotos von Rechtsanwalt Levi, von Branko Kapor, ein schlechtes Foto von Milosz im Prozess gegen Kapor und ein gutes Foto von ihr aus älteren Zeiten. Anna war eitel genug, um gerne gute Foto von sich selbst zu sehen und sich über schlechte Aufnahmen zu ärgern.

Natürlich endeten die Artikel mit den übrigen Kritiken an Polizei und Staatsanwaltschaft, wie: «Was wurde der Öffentlichkeit alles verschwiegen?», «Warum konnte Dr. Milosz nach mehr als einem Monat noch immer nicht gefunden werden?», «Werden die Behörden ihren Aufgaben gerecht?» und schliesslich: «Wir werden weiter informieren».

Die anderen Zeitungsartikel klangen ähnlich. Erstaunlicherweise war die Verbindung Dr. Milosz zu Levis Tod nicht hergestellt worden. Nun, das würde noch kommen, sicher, sobald durchsickern würde, dass Milosz eventuell ein russischer Spion war.

Horst kam rein. «Hast du bemerkt Horst, dass der Bezug Milosz zur Ermordung Levi in keinem der Artikel hergestellt wurde. Erstaunlich eigentlich.» «Kommt schon noch», antwortete Horst zuversichtlich, «freu dich mal nicht zu früh. Es wird jetzt eben einige Zeit dauern, bis sich das alles wieder legt. Hattest du nicht erzählt, dass Pünter von Fried einen Maulkorb bekommen hat?» «Schon», bemerkte Anna, «ich frage mich allerdings, ob er diesen abgerissen hat? Andererseits ist der Artikel nicht mit Hans Pünter, sondern mit Jack Horner unterschrieben. Den kenne ich gar nicht. Vielleicht wollte Pünter damit seinen Maulkorb umgehen.»

«Wie fühlst du dich? Magst du das alles bewältigen?», fragte Horst. «Solange ich dabei sitzen bleiben kann, glaube ich das schon», antwortete Anna. Horst schaute sie besorgt an. «Ist es noch immer nicht besser?», fragte er. «Doch, ich habe zwischendurch auch bessere Tage, aber ich möchte erleben, dass ich sagen kann: Es ist vorbei! Doch das ist es nicht. Aber keine Angst, schreiben, denken und telefonieren kann ich. Wir können es höchstens so machen wie im Fall Linard, dass die Journalisten an dich weitergeleitet werden, mit dem üblichen Text: Keine Auskunft zu einem laufenden Verfahren.» «Die Anrufe der ‹Journis› nehme ich gerne entgegen, kein Problem», grinste Zeltner.

Anna rief Fried an. Noch bevor sie etwas sagen konnte, begann Fried mit: «Ich habe die Artikel gesehen – komisch dass die Verbindung Milosz zum Mord Levi nicht hergestellt wird.» «Das ist mir auch aufgefallen», antwortete Anna. «Ich frage mich, ob Pünter die Vereinbarung verletzt hat.» «Hat er nicht, ich habe mit ihm gesprochen – er behauptet das jedenfalls mit Vehemenz. Entweder habe jemand bei ‹Zürich Heute› in seine Unterlagen geschaut, oder wir haben eine undichte Stelle bei der Staatsanwaltschaft oder der Polizei. Jedenfalls schwört er, dass er es nicht gewesen ist.»

«Wie glaubhaft ist das denn?»

«Komisch, ich glaube ihm und Sie wissen, dass ich nicht so viel von ihm halte, aber es klang sehr ehrlich und er war am Telefon wirklich äusserst bedrückt.»

«Wer ist denn dieser Horner?» Fragte Anna.

«Ein Kollege von der gleichen Abteilung, nehme ich an und damit haben wir wahrscheinlich denjenigen, der in Pünters Akten rumgesucht hat.»

«Erstaunlich ist doch», fuhr Anna fort, «dass alle Zeitungen gleichzeitig berichten. Da ist wohl irgendeine Nachricht viral gegangen.»

«Tja», meinte Fried, «das werden wir wohl kaum herausfinden und letztlich wäre es früher oder später eh passiert.»

«Werden Sie Rebekka Levi informieren, obwohl sie es vielleicht schon weiss?», fragte Anna. «Sie soll sich wappnen gegen die Journalisten.» «Ja, das werde ich tun», versprach Fried. «Vielleicht werde ich für ein paar Tage auch vor Rebekka Levis Haus einen Überwachungsposten hinstellen.»

«Eigentlich wollte ich Sie heute fragen, ob man bei mir die Überwachung einstellen kann. Der Fall ist nun doch schon länger her, Milosz bleibt verschwunden und ich glaube nicht, dass er noch bei mir vorbeikommt. Aber vielleicht ist es besser, wir lassen die Überwachung noch eine Woche, jetzt wo der Fall publik geworden ist.»

«Der Meinung bin ich auch», antwortete Fried, «wir lassen die Überwachung bei Ihnen noch etwas fortbestehen, und wenn weiter nichts passiert, wird der Fall bald wieder aus den aktuellen Tagesnachrichten verschwinden.»

«Wenn weiter nichts passiert», wiederholte Anna seufzend, «na, hoffen wir das mal!»

Kapitel 34 Wo ist Anna?

Es war Donnerstag und Marco Levi wartete wie abgemacht um 12 Uhr im Restaurant Razzia auf Anna. Er hatte sich auf diesen Lunch gefreut und die Empfehlung von Anna gefiel ihm. Das Restaurant Razzia war ein sehr spezielles, durchaus gehobenes Restaurant im Stadtteil Seefeld. Es war effektiv ein Kino gewesen. Vorne gab es noch immer die grosse Leinwand, auf der manchmal Filme gezeigt wurden, vor allem an geschlossenen Anlässen, wie ihm der Kellner verraten hatte. Vor der Leinwand wurde es tropisch, mit grossen tropischen Pflanzen und einer übergrossen Plüschgiraffe. Das Restaurant war aus einer anderen Zeit, aber geschmackvoll renoviert.

Marco Levi hatte nach der Beerdigung von Gian Cla Linard Anna schon immer besser kennenlernen wollen. Aber sie waren beide immer vollauf beschäftigt gewesen, und es hatte sich einfach nicht ergeben. Anna war ihm damals auf Anhieb sympathisch und er wusste, dass Gian Cla Linard grosse Stücke auf sie gehalten hatte. Er schaute auf die Uhr. Anna schien sich zu verspäten. Doch, es war das richtige Datum und die richtige Zeit, aber Anna kam nicht. Nach dreissig Minuten wurde Marco Levi unruhig. Er glaubte nicht, dass eine solche Verspätung zu Anna passte. Er rief bei ihr im Büro an. Die Dame, die abnahm, teilte ihm mit, dass Anna vor etwa einer Stunde ein Taxi ins Seefeld bestellt hatte. «Was ist denn da passiert?», fragte sich Astrid beunruhigt. Sie notierte sich die Nummer von Levi und versprach, ihn zurückzurufen, sobald sie genaueres in Erfahrung gebracht hätte. Dann rief sie Horst Zeltner an, der aber nicht abnahm. Mit steigender Unruhe versuchte sie es schliesslich bei Sobic.

Sobic reagierte sofort und sah sich die Bilder der Überwachungskamera an. Tatsächlich, das Taxi hatte vor der Eingangstüre zu Annas Kanzlei gehalten, genauer gesagt auf dem Vorplatz, und zwar um 11.25 Uhr. Es stand hinter der dichten Hecke zur Nachbarliegenschaft und es war nicht zu erkennen, wer am Steuer sass. Es war auch nicht zu erkennen, ob etwas geschehen war in den zehn Minuten, in dem das Taxi auf Anna wartete. Um 11:35 Uhr war zu sehen, wie Anna aus dem Haus kam und aufs Taxi zuging. Dann war sie kurz aus dem Bild verschwunden, schliesslich fuhr das Taxi los in Richtung Stadt. Sobic konnte nur die erste Zahl auf dem hinteren Nummernschild der dunklen Limousine erkennen.

Jetzt war es bald 13 Uhr und Anna hätte um 12 Uhr im Restaurant Razzia erscheinen sollen. Sie war aber nicht erschienen. Wo war Anna? Die Besorgnis wuchs noch mehr, als die von Sobic losgeschickten Polizeibeamten hinter der dichten Hecke, bereits auf dem Nachbargrundstück, den bewusstlosen Taxifahrer fanden. Als der wieder langsam zu sich kam, erfuhren sie wenigsten die Nummer auf dem Nummernschild des Taxis. Der Taxifahrer konnte sich jedoch nicht mehr daran erinnern, was genau geschehen war. Plötzlich habe er einen stechenden Schmerz an seinem Hals gespürt und dann sei es ihm schwarz vor Augen geworden – alles sei furchtbar schnell gegangen.

Der Täter musste gut informiert gewesen sein. Im Grunde genommen stand das Taxi an der einzigen Stelle, die von der Überwachungskamera aus nicht einsehbar war. Dann musste der Täter gewusst haben, dass Anna regelmässig für sich Taxis bestellte oder er hatte eine «Hotline» zur Taxiagentur, die Anna jeweils benutzte. Sie würden es rausfinden. Aber hoffentlich war es dann nicht zu spät.

Mittlerweile war auch Fried eingetroffen, mit einem sichtbaren Versagergefühl. Genau das hatten sie doch verhindern wollen. Er begab sich in Annas Kanzlei. Dort traf er auf eine völlig aufgelöste Astrid, die ihm eigentlich nicht viel mehr sagen konnte, als dass Anna zu einem Treffen mit Marco Levi ins Restaurant Razzia gehen wollte, wo sie aber nicht erschienen war. Dann kam Astrid noch in den Sinn, dass sie Marco Levi noch anrufen musste. Marco Levi nahm sofort ab und hörte den Ausführungen der aufgeregten Astrid zu. Als er wieder aufhängte, hatte er tiefe Sorgenfalten auf der Stirn. Bitte, nicht noch eine Bestattung, bitte nicht!

Kapitel 35 Der Unfall

Anna würde sich wohl kaum je daran erinnern, wie sie auf die Rückbank des Taxis gekommen war, wo sie jetzt mit Sicherheitsgurten angebunden und an Händen und Füssen mit Kabelbindern gefesselt dalag. Kaum war sie mit dem Taxi abgefahren, hielt der Taxifahrer an mit der Begründung, irgendetwas stimme mit den Sicherheitsgurten nicht. Er stieg aus, öffnete die Tür auf ihrer Seite, griff nach dem Gurt und bevor sie es bemerkte, hatte er sie mit einem Elektroschocker kampflos gemacht. Nun lag sie also auf der Rückbank des Taxis und kam langsam zu sich. Alles tat ihr weh, alle Glieder schienen zum Zerreissen gespannt, Kopf und Muskeln schmerzten. Sie konnte sich kaum bewegen. Sie wollte etwas sagen, versuchte es immer wieder, doch ihre Stimme versagte ihr den Dienst.

Dennoch hatte der Fahrer am Steuer offenbar bemerkt, dass sie sich auf der Rückbank bewegte. «Machen Sie sich keine Sorgen, Frau Conti, ich werde Ihnen nichts tun. Ich möchte Ihnen nur ein paar Fragen stellen und dann werde ich sie wieder gehen lassen. Bleiben sie ganz ruhig.» Die Stimme hatte einen östlichen Akzent. Und weit hinten im Gedächtnis der angeschlagenen Frau leuchtete ein Erkennen auf: Milosz. Ihr Kopf, den sie anzuheben versucht hatte, sank wieder zurück. Das war ein Alptraum, das war wohl nicht echt, oder? Was war überhaupt geschehen?

Milosz am Steuer fuhr weiter auf der Autobahn Richtung Chur. Kurz nach der Abfahrt, und nachdem Anna «ausgeschaltet» worden war, hatte er den Wagen gewendet und war von der Enge her über den Anschluss Wollishofen auf die Autobahn gefahren. Der Verkehr war gering und so kam er schnell voran. Nun war es ihm doch noch gelungen, an Anna heranzukommen. Schwer genug war es gewesen. Die Überwachung hatte sie fast perfekt abgeschirmt.

Schliesslich war er darauf gekommen, dass er es am besten vom Nebengrundstück aus – auf der anderen Seite der Hecke – versuchen könnte. Neben dem Geschäftshaus, wo Anna ihre Kanzlei hatte, stand eine andere grosse Villa, ebenfalls ein Geschäftshaus, mit drei verschiedenen Büros. In diesen befanden sich eine Treuhandberatung, eine Vermögensberatung und ein Coaching-Institut. Von der hinteren Seite dieses Hauses konnte man kaum auf das nachbarliche Grundstück sehen, das erst noch mit einer Hecke abgetrennt war. Seit einer Woche hatte er sich als Gärtner ausgegeben und erstaunlicherweise hatte niemand bemerkt, dass er nicht der richtige Gärtner war. Jedes Mal, wenn im Nebenhaus ein Taxi anhielt, ging er durch die dort gelockerte Hecke hin und fragte: «Warten Sie auf Frau Berger Conti?» Für die Überwachungskamera stand die Hecke im toten Winkel. Milosz grinste. Er hätte, nachdem er alles Mögliche versucht hatte, um an Anna heranzukommen, nicht gedacht, dass er auf diese Weise Erfolg haben würde. Gelernt war halt immer noch gelernt.

Auf einem abgelegenen Rastplatz in der Nähe von Einsiedeln wollte er mit Anna sprechen, wirklich nur sprechen. Er hatte diesen idealen Platz vor ein paar Monaten – als noch alles in Ordnung war – bei einem Ausflug entdeckt. Es war wunderbar ruhig dort und er hatte die Sicht auf den Sihlsee genossen. «Die Schweiz ist so schön», hatte er damals gedacht, und beschlossen, wenn irgend möglich in der Schweiz zu bleiben. Das müsse er mit der Zentrale irgendwie hinkriegen. Nun, diese Pläne waren jetzt alle im Eimer, Levi sei Dank.

Als Milosz in Pfäffikon abbiegen wollte, stand am Ende der Ausfahrtstrasse, kurz bevor diese sich in drei Richtungen aufteilt, eine Gruppe von Polizeibeamten. Konnte diese Polizeikontrolle schon wegen ihm aufgestellt worden sein? War schon bekannt, dass Anna entführt worden war. Nein, das konnte nicht sein und selbst wenn, hätte er doch mindestens eine halbe Stunde Vorsprung gehabt. Es war sicher eine Routinekontrolle. Pech aber auch! Ihm war mulmig zumute. Vor ihm, auf beiden Spuren, warteten die Fahrzeuge in längeren Schlangen auf ihre Kontrolle. Zwei Polizisten schauten in jedes Auto. Als er schliesslich bei der Kontrolle angekommen war und wohl oder übel anhalten musste, wollte ein Polizist seinen Führerschein und den Fahrzeugausweis sehen. Beides konnte Milosz nicht vorzeigen, weshalb er schnell entschlossen auf das Gaspedal trat und mit starker Beschleunigung durch die Absperrung raste. Die Polizisten stoben zur Seite.

Dann fuhr er bergauf in Richtung Etzel/Einsiedeln. Bis die Polizisten zu ihrem Auto gerannt und eingestiegen waren, um ihm zu folgen, würde er einen grossen Vorsprung aufgebaut haben, und es würde nicht so einfach gelingen, ihn auf der Strasse bergauf Richtung Einsiedeln anzuhalten. Doch er hatte die Polizei unterschätzt. Zwei Fahrzeuge mit eingestellter Sirene folgten ihm. Weit unten konnte er sie im Rückspiegel erkennen. Er beschleunigte noch mehr.

Anna, wenn auch noch nicht ganz bei klarem Bewusstsein, merkte, dass sich da etwas Gefährliches abspielte. Mit Mühe formulierte sie die Worte «Werden wir verfolgt?». Milosz antwortete nicht; er konzentrierte sich auf die Fahrt und hoffte, dass der Abstand zu den ihn verfolgenden Polizeifahrzeugen sich nicht verringern würde. Schliesslich stellte er beruhigt fest, dass sich der Abstand sogar vergrössert hatte. Nach ein paar Kurven sah er die Verfolger nicht mehr.

«Wir haben die Verfolger abgehängt», sagte er beruhigend Richtung Rückbank, und wischte sich mit dem Ärmel den Schweiss von der Stirn. Anna jedoch war bei dieser Aufregung gnädig wieder in die Ohnmacht zurückgefallen.

Womit Milosz allerdings nicht gerechnet hatte, war, dass die Polizei einen Notruf an die Polizeidienststelle Biberbrugg gesendet hatte, die nun ihrerseits einen Polizeiwagen die Strasse hinunterschickte. Plötzlich sah Milosz einen Polizeiwagen, der ihnen von oben entgegenkam. «Verdammt, verdammt, verdammt», brüllte er, sowohl auf Russisch als auch auf Polnisch. Die würden versuchen, ihn zu sperren bzw. auszubremsen.

Er riss das Steuerrad herum und versuchte, rechts in einen Feldweg abzubiegen, der zu verschiedenen Bauernhäusern führte. Gleichzeitig tastete er nach seiner Pistole in der Jackentasche auf dem Nebensitz. Warum dieses Abbiegemanöver misslang, konnte später nicht mehr genau eruiert werden. Milosz raste über ein steiles, frisch «gegülltes»* Wiesenbord hinab und flog anschliessend über eine angrenzende Betonmauer auf den Vorplatz eines Stallgebäudes. Dort fuhr das Taxi in die Stalltüre aus Holz und blieb stehen. Der Aufprall kam unerwartet und hart. «Es stinkt nach Jauche», war Milosz' letzter Gedanke.

---

* Gülle = Jauche

Kapitel 36 Flavio

Flavio sitzt an seinem Arbeitstisch in seinem Architekturbüro im unteren Stock des Familienhauses in Thalwil. Er ist guter Laune. Am Morgen hatte er Annas Elternhaus in Zollikon neuen Interessenten gezeigt. Interessenten hat es viele. Flavio war sich bewusst gewesen, dass ihm das Haus sozusagen aus den Händen gerissen werden würde. Ein Haus in Zollikon an der Zürcher Goldküste, erst noch mit Umschwung, das würde sich trotz der hohen Bodenpreise schnell und gut verkaufen lassen. Wohl war das Haus renovationsbedürftig. Seit Annas Geburt – sie war dort aufgewachsen – war nur wenig renoviert worden. Somit waren grosse Teile völlig überaltert und auch sonst entsprach die Einteilung des Hauses nicht mehr modernem Geschmack und Design. Flavio hatte im Geheimen schon seit längerem Pläne gemacht, wie man das Haus umbauen und renovieren könnte. Anfänglich hatten Anna und er sogar daran gedacht, möglicherweise selbst von Thalwil nach Zollikon zu ziehen. Aber sie waren in Thalwil so gut eingerichtet und mittlerweile auch verwurzelt, dass sie beschlossen hatten, eben doch im vertrauten Heim, in Flavios Elternhaus, zu bleiben – auch wenn Thalwil auf der anderen, weniger «edlen» Zürichsee-Seite lag. Sandra und Mirjam waren zu jung, um selbst ein Haus zu übernehmen. Beide waren noch im, beziehungsweise am Ende des Studiums.

Natürlich fiel es Anna schwer, sich von ihrem Elternhaus zu lösen, aber das war nun mal der Gang der Zeit. Mittlerweile hatte auch Annas Mutter eingesehen, dass sie das Haus in Zollikon nicht mehr allein bewohnen konnte, auch mit Hilfe nicht. Am Morgen hatte Flavio den neuen Interessenten, einem Ehepaar aus dem nahen deutschen Grenzgebiet, seine Pläne für einen allfälligen Umbau des Hauses gezeigt. Das Paar war restlos begeistert gewesen. Man konnte die alte Villa nicht einfach abbrechen und eine neue von gleicher Grösse auf dem Grundstück bauen. Die baurechtlichen Abstände standen dem entgegen und die zu bebauende Fläche wäre daher kleiner geworden. Aber nichts hinderte sie daran, auch das kantonale Baugesetz nicht, das Haus auszuhöhlen, mit neuen Fenstern und neuer Innenarchitektur zu versehen, und eventuell sogar noch einen Anbau anzuhängen. Das Ehepaar gab Flavio den Auftrag, die Pläne genauso auszufertigen und ihnen zukommen zu lassen. Sie würden das Haus so oder so kaufen. Sollte jemand mehr bieten, möge Flavio ihnen das mitteilen, sie würden immer überbieten.

Nun, Flavio würde das alles noch mit Anna besprechen müssen und natürlich auch mit seiner Schwiegermutter, die ihm aber mehr oder weniger freie Hand gelassen hatte. Das interessierte Ehepaar hatte ihm bereits Bankgarantien zukommen lassen, das waren offensichtlich vermögende Leute. Und dass er bei einem Verkauf noch zu einem so lukrativen Auftrag kommen würde, wäre für Flavio so etwas wie die Sahne auf der Torte, eine Win-win-Situation. Flavio lächelte zufrieden vor sich hin.

Es klingelte an der oberen Eingangstür. «Wer klingelte denn nachmittags um halb fünf?», ging es Flavio durch den Kopf. Er forderte seinen Lehrling Kevin auf, oben nachzuschauen, was los war. Doch da rief Sonja Berger schon runter, «Flavio, komm rauf, es ist für dich.»

Seufzend legte Flavio seine Pläne zur Seite und begab sich nach oben zum Hauseingang. Sonja Berger hatte die beiden Männer bereits eingelassen, den einen kannte sie nämlich: Horst Zeltner, Annas Anwaltskollege. Der andere Mann, ein Polizist in Uniform, stellte sich ihr als Wachtmeister Jan Sobic vor. Sowohl Sonja Berger als nun auch Flavio war auf Anhieb klar, dass die beiden Männer keine guten Nachrichten bringen würden. Als Flavio in die Gesichter der beiden Männer schaute, befürchtete er Schlimmes. «Geht es um Anna?», fragte er Horst Zeltner. Dieser nickte nur. «Kommen Sie bitte ins Wohnzimmer», lud Annas Mutter die Männer geistesgegenwärtig ein.

«Willst du mich vielleicht mit den Herren allein lassen?», fragte Flavio seine Schwiegermutter. Er hatte nicht mit der Willenskraft und der Entschlossenheit von Sonja Berger gerechnet. «Wenn es um Anna geht, dann geht es auch mich an. Schliesslich bin ich ihre Mutter.» Flavio seufzte und gab nach und sie setzten sich zu viert an den grossen Esstisch. Flavio war vor Angst schneeweiss im Gesicht geworden, während Sonja Berger sehr gefasst wirkte. Sobic und Zeltner schauten sich an. Schliesslich räusperte sich Zeltner und sagte: «Anna hatte heute einen Unfall und liegt zurzeit in der Intensivstation des Universitätsspitals Zürich, wo sie auch gerade operiert wird.» «Was für einen Unfall?», fragte Flavio mit ihm fremder, dünner Stimme. Sobic fuhr fort: «Anna Berger Conti hatte offenbar zum Lunch abgemacht im Restaurant Razzia.» Flavio nickte, das wusste er. «Ja, mit Marco Levi», bemerkte er. «Als sie nach über einer halben Stunde noch immer nicht gekommen war, machte sich Dr. Levi Sorgen und rief in der Kanzlei an.» Sobic schluckte: «Ja und dann ...»

Stockend erzählt er nun Flavio und Sonja Berger die unglaubliche Entführungs- und Unfallgeschichte: Wie Milosz ans Steuer des Taxis gelangt war und anschliessend Anna – wie schon zuvor den Taxifahrer – irgendwie ausgeschaltet hatte, denn kampflos wäre Anna sicher nicht mitgegangen. Genau wussten sie das alles noch nicht, auch nicht, wo Milosz mit Anna hinfahren wollte und was er vorhatte. Jedenfalls hatte er am Berg Etzel Richtung Einsiedeln im wahrsten Sinne des Wortes die Kurve nicht gekriegt und am Ende eines Wiesenhanges eine Stalltüre gerammt. Milosz musste sofort tot gewesen sein, denn der Airbag war, Ironie des Schicksals oder ausgleichende Gerechtigkeit, nicht aufgegangen. Zum Glück war die Stalltüre aus Holz und nicht aus härterem Material gewesen, denn sonst hätte die auf der Rückbank liegende Person, Anna, wohl auch nicht überlebt. Doch sie wurde schwer verletzt, und mit dem Helikopter schliesslich ins Universitätsspital Zürich überführt. Über ihre Verletzungen sei noch nichts Genaueres bekannt.

Sonja Berger hielt die Hand ihres Schwiegersohnes und drückte sie fest. «Wie schwer ist Anna verletzt?», fragte sie. «Das wissen wir noch nicht genau», antwortete Sobic. «Es sind Kopfverletzungen. Sie muss mit dem Kopf gegen den Vordersitz geprallt sein. Wohl war sie offenbar hinten angebunden, aber durch die Wucht des Aufpralls half dies nicht allzu viel. Was zurzeit im Universitätsspital für sie getan wird, wissen wir nicht. Wir wollten zuerst zu Ihnen kommen, um Sie zu benachrichtigen. Ich schlage vor, Herr Conti, dass Sie uns jetzt begleiten, wenn wir ins Universitätsspital fahren. Da werden wir bald Genaueres erfahren.»

Eine kurze bedrückende Stille stellte sich ein. Schliesslich war es wieder Sonja Berger, die entschlossen reagierte. «Ja, Flavio, geh du mit. Ich bleibe hier und werde Sandra und Mirjam informieren; ich denke, die zwei kommen bald nach Hause.

Ruf mich an, sobald du Genaueres weisst. Ich denke, Anna braucht dich jetzt, wie immer es ihr auch geht.» Alle standen auf. Zeltner liefen die Tränen über die Wangen. «Darf ich mit dir mitkommen, Flavio?» Flavio nickte nur. Jetzt konnte er den Beistand eines Freundes – und das war Horst Zeltner – gut gebrauchen. Sonja umarmte Flavio beim Abschied und drückte ihn fest. «Denk dran, Flavio, Anna ist stark. Wir müssen daran glauben.»

Kapitel 37 Noch eine Leiche

«Noch eine Leiche», dachte Professor Krauthammer, und offenbar eine Nachfolgeleiche aus dem Fall Kapor. Die dritte schon: Zuerst die ermordete Frau Olga Kapor Simic, dann der ermordete Rechtsanwalt Daniel Levi und schliesslich der ominöse Dr. Milosz. Letzterer war nicht ermordet worden, aber wahrscheinlich selbst ein Mörder gewesen. Die Todesursache war einfach festzustellen: Ein tödlich eingedrückter Brustkasten, weil der Airbag sich nicht geöffnet hatte. Das war selten heute. Und dann war Milosz durch die Frontscheibe in eine hölzerne Stalltüre geflogen, was zu schweren Kopfverletzungen geführt hatte.

Krauthammer hatte keine Angaben zu den Personalien von Milosz. Nichts über die Herkunft, das Geburtsdatum, nächste Verwandte, Adresse – der Mann war und blieb ein Rätsel, auch als Leiche. Ob seine Obduktion etwas zur Identität beitragen konnte, wusste Krauthammer nicht. Mal sehen, dachte er. Trotz des zertrümmerten Brustkorbs fand er auf der Brust Reste von einer Schrift. Erst ein grosser Buchstabe «Z» und dann etwas kyrillisches. Er machte ein Foto von diesen Schriftzügen und mailte diese an die Kriminalistik. Umgehend kam die Antwort, das heisse Putin. Krauthammer schaute grimmig drein. Na, jedenfalls hatte er herausfinden können, dass es sich um einen Putin-Fan gehandelt hatte und war dieses grosse «Z» nicht ein Propaganda-Z, als Symbol für die Unterstützung der russischen Invasion in der Ukraine? Der Milosz war offensichtlich ein 150%iger Russenanhänger gewesen, wenn er nicht selbst Russe war. Es waren noch andere Reste von kyrillischen Buchstaben erkennbar, aber aufgrund der Gewebezerstörung nicht mehr zu entziffern.

Viel mehr Sensationelles konnte er nicht finden. Der Mann war etwa 1.80 gross gewesen, bei achtzig Kilogramm. Am Körper gab es mehrere Narben von Verletzungen, aber auch von Operationen, so zum Beispiel eine lange Narbe über dem Knie. Vor dem Unfall war der Mann grundsätzlich gesund gewesen, die Blutwerte würden das wohl noch bestätigen.

Krauthammer rief im Justizzentrum an und liess sich mit dem leitenden Staatsanwalt Fried verbinden. Der hatte die Untersuchung nun selbst übernommen und nicht der Polizei überlassen. Auch daran zeigte sich die Brisanz dieses Falles. Fried nahm ab und Krauthammer erklärte ihm die verschiedenen Untersuchungsergebnisse: Keine Überraschungen, ausser das Propaganda «Z» und der Schriftzug «Putin» – der Mann war wohl eher Russe als Pole. Aber es gibt ja auch russenfreundliche Polen.

«Das «Z» und der Schriftzug «Putin» ermöglichen allenfalls doch eine genauere Identifikation. Die Staatsanwältin im Verfahren gegen Milosz hatte eine Affäre oder wohl eher Beziehung mit Milosz angefangen und es ist anzunehmen, dass sie ihn auch mal mit nacktem Oberkörper gesehen hat. Ich überlege mir, ob ich sie zur Identifikation zu Ihnen in die Pathologie schicken soll?» «Ich denke, Herr Fried», antwortete Krauthammer, «ich würde die Frau zuerst mal mit diesen Erkenntnissen konfrontieren. Wenn sie behauptet, weder das «Z» noch das «Putin» gesehen zu haben, dann können Sie sie mir immer noch schicken. Sie müsste schon eine enorme Schauspielerin sein, um cool zu behaupten, dass der Tote nicht ihr ehemaliger Lover ist.» «Ja», antwortete Fried, «aber sie kann vielleicht auch noch mehr zu den jetzt nicht mehr identifizierbaren anderen Buchstaben aussagen.» «Stimmt, ich werde jetzt die Obduktion beenden und Ihnen mitteilen, wann die Frau Staatsanwältin zur Identifikation kommen kann.» Krauthammer legte auf. «Sachen gibt es», dachte er. Eine Liebschaft zwischen der zuständigen Staatsanwältin und dem Angeschuldigten, das war mal was Neues. Was war wohl bloss in diese Frau gefahren, dachte er neugierig. Doch wie hatte Blaise Pascal gesagt? « Le cœur connaît des raisons que la raison ne connaît pas. »

Kapitel 38 Flavios Angst

Ein Schädel-Hirntrauma, hatte Professor Münster gesagt, mit Hirnödem. Das sei eine Schwellung des Gehirns, mit Ansammlung von Flüssigkeit. Darum hätten sie den Schädel öffnen müssen, um die Flüssigkeit zu drainieren und damit Druck vom Gehirn zu nehmen. Die gesetzte Drainage müsste eigentlich den Druck bald verringern. Von den Vitalparametern her handle es sich um ein mittelschweres Schädel-Hirn-Trauma. So oder so würde Anna noch länger im Koma bleiben müssen. Es sei noch zu früh, um eine Prognose abzugeben, was für Folgen diese Verletzung für Anna haben würde, aber bei Schädel-Hirn-Traumen sei es immer wieder überraschend, wie gut sich gewisse Patienten erholen würden und fast wieder zu einem normalen Leben zurückkehren könnten.

Seit drei Tagen betete Flavio diese Erklärungen immer wieder still für sich rauf und runter. Es könnte alles wieder gut werden, hatte Professor Münster gesagt. Sicher hatte er ihn auch beruhigen wollen. Allerdings könnten auch Schäden bleiben wie Sprechstörungen, Schwierigkeiten beim Gehen sowie Störung der Ziel- und Feinmotorik. Das sei möglich, aber das müsse nicht sein. Anna bekäme ja die bestmögliche Behandlung und zudem würde sie emotional von der Familie optimal betreut.

Seit drei Tagen sass Flavio jeden Tag mehrere Stunden am Bett von Anna. Sie war kaum wiederzuerkennen. Einen Teil der Haare hatte man ihr wegrasiert, um dieses Loch für die

Drainage in den Schädel zu bohren. Sie war sehr blass und angeschlossen an alle möglichen Überwachungsmonitore, die Herzfrequenz, Atemfrequenz, Sauerstoff im Blut und den Blutdruck massen. Fiel ein Wert bedrohlich ab, gaben die Geräte einen Warnton von sich und leiteten diesen an den Computer in der Schaltzentrale weiter. Ja, Anna war sicher in den besten Händen – und schliesslich starb die Hoffnung zuletzt. Auch das musste er sich jeden Tag sagen, sich, seinen Töchtern und seiner Schwiegermutter. Flavio lebte wie «auf Autopilot». Seine ganze Konzentration fokussierte er auf die Unterstützung von Anna, obwohl sie nicht miteinander sprechen, ja überhaupt nicht miteinander kommunizieren konnten, aber er war da, er war voll und ganz für sie da.

Seine Arbeit hatte er an Kollegen übergeben, und dann war ja noch sein Lehrling Kevin im Architekturbüro. Eine Zeit lang würden sie so überbrücken können. Aber all dies schien Flavio zurzeit nicht mehr so wichtig. Wichtig war nur Anna. Alle paar Stunden wechselten sich die Familienmitglieder ab. Ihre Töchter – sie waren schon vor dem Unfall erwachsen gewesen, und waren jetzt noch viel erwachsener geworden – übernahmen täglich ein paar Stunden an Annas Bett. Flavio staunte ob der Stärke und Kraft, die sie zeigten, und auch über ihre Entschlossenheit, Mitverantwortung zu übernehmen. Am nervenstärksten hatte sich seine Schwiegermutter erwiesen, wer hätte ihr das zuvor zugetraut. Sie führte den Haushalt und übernahm stundenlange Nachtschichten an Annas Bett. Neben diesen, seinen starken Frauen fühlte er sich schlapp und kraftlos. Der Unfall von Anna war wie ein Sturmwind über Familie, Verwandtschaft, Freundeskreis und Berufskollegen gefahren. Alle wollten helfen, alle boten ihre Unterstützung an. Im Gang des Spitals war so eine Art Blumenladen entstanden.

Blumen waren von allen Seiten geschickt worden, Blumen, von denen Anna gar nichts hatte. Irgendwann hatte Flavio angefangen, die Blumensträusse an andere Patienten und ans Krankenhauspersonal zu verteilen. Er hatte das Gefühl, sich in einer Grabkapelle zu befinden. Das war wohl alles gut gemeint, aber der schwere Duft der Blumen belastete ihn.

Sandra und Mirjam hatten es übernommen, die vielen Briefe mit Genesungswünschen durchzulesen und richteten Flavio jeweils aus, wer sich alles gemeldet hatte. Die Familie hatte ein absolutes Besuchsverbot ausgesprochen. Niemand sollte eine Patientin auf der Intensivstation, die nicht bei Bewusstsein war, besuchen. Als durchsickerte, was passiert war, hatte man Journalisten aus der Intensivstation und vom Gang wegjagen müssen.

Mit Mühe und Not hatte Flavio seine Eltern von einem Besuch abhalten können. Die hätten all das gar nicht verkraften können und diese Last wollte er sich nicht auch noch aufladen. Es klopfte an der Türe und Sandra kam herein. Waren wieder vier Stunden vergangen? Flavio konnte es nicht fassen. Die Tage waren zu einem undefinierbaren, zeitlosen Kosmos geworden. Flavio wusste nicht mehr, welche Zeit es war, wieviel Zeit vergangen war, er wusste nur noch eines: Er wollte Anna wieder zurückhaben; wenn es sein musste, würde er jahrelang an ihrem Bett sitzen. Sandra umarmte ihn. «Ich übernehme jetzt Papa. Wie ich sehe, hat sich nichts verändert. Nachher kommt Mirjam und morgen hast du wieder die erste Schicht.»

Flavio hatte am Abend zuvor einem besorgten Peter Fried am Telefon erklärt, dass sich die Familie am Krankenbett von Anna ablöse. Der Zusammenhalt sei gross und die gemeinsame Angst um Ehefrau, Mutter und Tochter habe sie noch enger zusammengebracht. Annas Zustand sei seit dem Unfall eigentlich unverändert. Sie befinde sich in einem tiefen Koma, er, Fried, würde sie wohl kaum erkennen. Die Prognosen des leitenden Neurochirurgen seien, na ja, sagen wir mal «vorsichtig optimistisch». Noch sei nicht sicher, wann sie aufwache, ja, ob sie überhaupt wieder aufwache. Die Verletzung, das Schädel-Hirn-Trauma, sei ein durchaus schwerer Fall, aber der behandelnde Neurochirurg habe schon oft erlebt, dass die Patienten aufgewacht seien und später wieder ein normales Leben haben führen können. «Ich weiss nicht», hatte Flavio gesagt, «ob er mich damit lediglich beruhigen will. Ich weiss so oder so nicht mehr, was ich glauben kann.»

Kapitel 39 Staatsanwalt Frieds Schock

Der leitende Staatsanwalt Peter Fried war noch immer völlig geschockt ob der Nachricht von Annas schwerem Autounfall, den offenbar der gesuchte Milosz, oder wie verdammt nochmal er hiess, verursacht hatte. Wie schnell konnte sich alles ändern, wie unberechenbar waren Glück und Gesundheit, ja das Leben überhaupt. Dass Milosz bei diesem Unfall gestorben war, empfand auch er als ausgleichende Gerechtigkeit. Nur würden sie leider nie herausfinden, wer dieser Milosz wirklich gewesen war. Es war wohl auch nicht mehr so wichtig. Dass Anna den schweren Unfall – wenn auch schwer verletzt – überlebt hatte, war wichtiger und liess Fried hoffen. In den letzten Jahren war sie ihm als kluge Ratgeberin und liebenswürdige Frau ans Herz gewachsen. Doch nun hatte er Angst um sie, vor allem auch nach dem gestrigen Gespräch mit Flavio Conti. Er hatte Flavio Conti zuvor nicht gekannt, wusste lediglich, dass es sich bei Annas Ehemann um einen Architekten handelte und dass sie eine gute Ehe führten. Aus dem gestrigen Gespräch konnte er auch nicht besonders viel ableiten. Der Mann war völlig verstört gewesen.

Fried beschloss, ihn nochmals anzurufen: «Kann ich irgendetwas tun», bot er an, als Flavio antwortete, «kann ich irgendwelche Abendschichten übernehmen? Ich weiss zwar, dass es etwas sehr Persönliches ist, aber sie verbringen ja offenbar zu viert schon Tag und Nacht in der Intensivstation. Vielleicht wollen Sie wieder mal alle miteinander zusammen in

Ruhe essen und diskutieren. Ich würde das gerne tun. Ich kann das auch tun, da der Fall nicht in meine Zuständigkeit fällt. Der Unfall ist ja im Kanton Schwyz passiert.»

«Vielen Dank, Herr Fried. Falls Sie etwas tun können, dann werde ich Sie gerne informieren. Zurzeit kommen wir noch gut zurecht. Unsere Töchter sind großartig; in dieser Zeit sind sie noch erwachsener geworden. Meine Schwiegermutter hat sich von einem Unfall Anfang Jahr völlig erholt und ist Mittelpunkt und Kraftquelle in der Familie geworden. Das hätte ich ihr so gar nicht zugetraut, denn die Sorgen um ihre Tochter sind auch für sie eine schwere Last. Wir lassen zurzeit nur wenige Personen an Anna heran – ich glaube, das wäre auch in ihrem Sinne. Ich habe sogar die ziemlich aufdringlichen Spitalpfarrer nicht zugelassen. Zuerst kam der katholische. Den abzuwenden, war einfach: Ich sagte einfach, wir seien nicht katholisch. Dann kam der reformierte, ein Pfarrer Melchior; da wurde es bereits etwas schwieriger, denn Anna ist ja reformiert getauft. Aber Anna ist alles andere als eine Freundin der Kirche. Das habe ich ihm dann mitgeteilt und ihn gebeten, wieder zu gehen. Der Mann war allerdings uneinsichtig und glaubte, noch mit mir diskutieren zu müssen. Schliesslich kam noch der Rabbi. Ich denke, er war von den Levis geschickt worden. Nun, auch ihn konnte ich natürlich nicht zulassen, aber es war von den Levis wohl gut gemeint. Doch wie Sie wissen, Herr Fried, gegen gut Gemeintes kann man sich oft schlecht wehren. Immerhin ist der Spital-Imam nicht auch noch gekommen. Die Seelsorge übernehmen wir als Familie, wobei wir zurzeit gar nicht an die Seele von Anna herankommen. Aber wir sind da, wir wollen da sein für den Fall, dass sie aufwacht, damit sie in vertraute Gesichter blickt.»

Fried hatte einen Kloss in der Kehle. Was konnte man sagen, ohne als aufdringlich zu gelten? Und so kam er auf eine ganz rudimentäre Frage: «Haben Sie auch genug zu essen, kann bei Ihnen auch jemand kochen? Da könnte ich eventuell etwas dazu beitragen. Meine Frau ist Italienerin und eine hervorragende Köchin. Darf ich Ihnen und Ihrer Familie für den kommenden Sonntag ein paar Proben ihrer Kochkünste vorbeibringen? Vielleicht so viel, dass Sie noch etwas auf Vorrat einfrieren können.»

Trotz der angespannten Situation und seiner Trauer musste Flavio lächeln. Ein Staatsanwalt, der einer Anwältin, die erst noch als Verteidigerin tätig ist, mit den gekochten Menüs seiner Frau beglücken will und die gar noch selbst bringen möchte, wo gab es denn so was? Anna und Peter Fried hatten sich offenbar wirklich angefreundet. «Das ist gar keine so schlechte Idee, wenn wir am Sonntag ein gutes und möglichst gemeinsames Mahl einnehmen könnten. Die Sonntagmittag- und Nachmittagsschicht bei Anna hat eine gute Freundin von uns übernommen. Danke Herr Fried. Wollen Sie dann nicht gleich mitessen?»

«Nein, nein», antwortete Fried, «ich werde es Ihnen am Samstag irgendwann vorbeibringen. Sagen Sie mir einfach wann und wo. Ich gebe Ihnen jetzt meine mobile Nummer und dann können Sie mir auch ein WhatsApp schreiben. Wissen Sie, ich bin froh, wenn ich etwas für Anna und ihre Familie tun kann, dann fühle ich mich auch gleich besser.» So verblieben sie. Nach dem Anruf blieb Flavio noch eine Weile still sitzen. Er sass in letzter Zeit sehr viel still da, meist neben Annas Bett. Schliesslich stiess er einen Seufzer aus und erhob sich. Gerade war Mirjam reingekommen, um die nächste Schicht bei Anna zu übernehmen.

Kapitel 40 Staatsanwältin Dupont trauert

Nachdenklich hängte Fried nach dem Gespräch mit Professor Krauthammer den Hörer auf. Er mochte den etwas kauzigen Pathologen und dachte mit Bedauern daran, dass er altershalber wohl bald pensioniert werden würde. Krauthammer war schon deutlich übers Frischhaltedatum hinaus. Er würde ihn vermissen. Die Gespräche mit ihm waren immer lehrreich und trotz der jeweils tristen Themen oft humorvoll, und ja, manchmal geradezu lustig gewesen – und das bei einem Pathologen. Fried lächelte bei diesen Gedanken sein seltenes Lächeln. Er erinnerte sich an seinen Onkel Louis, einen Bruder seiner Mutter, der Bestatter gewesen war, ein ebenfalls deprimierender Beruf – sollte man denken. Wohl hatte Onkel Louis ein richtiges Bestattungsgesicht gehabt, brachte ihn aber dennoch immer zum Lachen, wenn er ihm erklärte, dass Bestatter der schönste und vergnüglichste Beruf sei, den man sich vorstellen könne. Die lieben Leichen würden einem ans Herz wachsen. Makaber, aber lustig hatte Fried das immer gefunden. Nun, Onkel Louis war nun selbst seit Jahren eine liebe Leiche.

Am Nachmittag hatte er Helene Dupont zu einer weiteren Einvernahme vorgeladen. Als sie reinkam, erschrak Fried. Wie sehr hatte sich diese Frau in kürzester Zeit verändert. Sie sah deutlich älter aus, nichts mehr war übrig von der jugendlich, ehrgeizigen Staatsanwältin. Dieser Milosz hatte ganze Arbeit geleistet und mindestens zwei Frauen ins Unglück gestürzt. Doch Frieds Mitleid hielt sich bei Dupont in Grenzen. Er bat

Helene Dupont, Platz zu nehmen und begann zu sprechen. «Ich muss Sie darüber informieren, dass sich die Strafuntersuchung wahrscheinlich noch erweitert. Vor vier Tagen hat Jan Milosz Frau Rechtsanwältin Berger Conti entführt, sie in einem Auto festgebunden und anschliessend einen Unfall gebaut. Bei diesem Unfall starb Jan Milosz, Frau Berger Conti wurde schwer verletzt.»

Da Helene Dupont nicht mehr in der Staatsanwaltschaft arbeitete – sie war in ihrem Amt suspendiert – war ihr dieser Klatsch noch nicht zu Ohren gekommen. Die Nachricht war tatsächlich neu für sie. Der Unfall war bisher in den Zeitungen nur mit einer Kurznotiz erwähnt gewesen: «Schwerer Unfall am Etzel, Autolenker tot, Mitfahrerin schwer verletzt». Aus diesen kurzen Zeilen war die Dramatik des Falles nicht zu erkennen gewesen.

Helene Dupont sah Fried mit offenem Mund an, bevor sie in Tränen ausbrach. «Jan ist tot? Ist Jan wirklich tot? Hat die Polizei ihn zu Tode gehetzt mit der Fahndung und der Suchaktion?» Fried schüttelte nur irritiert den Kopf: «Sie haben es offenbar noch immer nicht begriffen. Der von Ihnen geliebte Jan Milosz war ein ganz anderer Mensch. Sie haben einen Mörder gedeckt und seinen Taten Vorschub geleistet. Wahrscheinlich war Milosz ein mehrfacher Mörder. Darüber wissen wir noch nicht alles, müssen es aber vermuten. Können Sie wirklich damit leben, lässt Sie das nicht nachdenken bei aller Liebe, die Sie für diesen Mann empfunden haben? Denn dieser Mann war ein Verbrecher. Er hat alle belogen, auch Sie. Wachen Sie auf, Frau Dupont. Er hat Sie ins Unglück gestürzt, er hat Rechtsanwältin Anna Berger Conti ins Unglück gestürzt und ihre Familie gleich mit. Und Sie tragen eine Mitschuld Frau Dupont. Sie tragen sogar eine schwere Mitschuld, so befangen und unkooperativ, wie sie waren. Und damit müssen Sie jetzt leben. Zudem möchte ich, dass Sie mich oder Wachtmeister Sobic jetzt in die Pathologie begleiten, um dort Herrn Milosz zu identifizieren. Sie haben ihn ja besser», Fried räusperte sich, «oder doch näher gekannt.» Es gibt niemanden hier in Zürich oder in der Schweiz, der ihn daher besser identifizieren könnte. Trifft es zu, dass Milosz auf der Brust verschiedene Tattoos hatte, so zum Beispiel ein grosses «Z» oder ein «Putin» auf kyrillisch?» Helene Dupont nickte unter Tränen. «Ja, er hatte verschiedene Schriften auf seinem Brustkorb beziehungsweise unter dem Arm zur Hüfte. Ich konnte aber die meisten nicht lesen. Ich kann Ihnen aber gleich sagen, dass ich es nicht schaffe, ihn zu identifizieren», sagte sie unter Tränen, «ich bin völlig fertig.»

«Ich breche die Einvernahme hier ab. Wie ich sehe, sind Sie nicht einvernahmefähig.» Fried avisierte seine Sekretärin und bat sie, Helene Dupont hinauszubegleiten. Als Helene Dupont aufstand, sackte sie in sich zusammen. Frieds Sekretärin und Fried selbst brachten die Frau ins benachbarte Sekretariat und legten sie dort auf eine Couch. Daraufhin liess Fried den Notarzt rufen. Er konnte nicht einschätzen, wie schlecht es ihr wirklich ging, aber so war er auf der sicheren Seite.

Kapitel 41 Sobic berichtet

Fried ging in sein Büro zurück. Dort erwartete ihn Wachtmeister Sobic. «Haben Sie neue Erkenntnisse Herr Sobic?», fragte Fried. «Ja», antwortete der, «aber ich weiss nicht, wie hilfreich sie sind. Auf den Spuren von Frau Krasnapolski bin ich schliesslich zum von Milosz angegebenen Haus in die Scheuchzerstrasse gefahren. Das Haus gibt es tatsächlich, aber kein Schild ist mit Milosz oder Krasnapolski angeschrieben, wahrscheinlich nicht mehr. Daraufhin habe ich versucht, einen Mieter zu erreichen. Ich erreichte nur den Hauswart, einen Herrn Vogt. Der teilte mir mit, dass alle Wohnungen seit Monaten nicht bewohnt seien, weil die Eigentümerin umbauen, renovieren und aus den Wohnungen Airbnb-Wohnungen machen wolle. Auf meine Frage hin, seit wann denn niemand mehr in den Wohnungen gewohnt habe, wurde er wortkarg. Schliesslich sagte er, vor kurzem habe ein Mann in einer der Wohnungen gewohnt, sei aber schon wieder weg. Er hat nicht gewusst, wie dieser Mann heisst, er hat auch die Frage nach Frau Krasnapolski mit Unwissen beantwortet.

Schliesslich verriet er mir doch, dass die Verwaltung über dieses Haus eine Prius-Liegenschaften AG in Zürich innehabe. Es sei alles etwas komisch, er sei erst seit ein paar Monaten Hauswart, habe aber ausser einem minimalen Unterhalt fast nichts zu tun. Ihm sei von der Verwaltung mitgeteilt worden, dass er keine Auskünfte geben dürfe, was die Wohnungen oder ehemalige Mieter angehe. Daran habe er sich gehalten.»

«Das Ganze ist schon wieder seltsam», meinte Fried. «Finde ich auch», fuhr Sobic fort. «Ich habe daraufhin Kontakt mit dieser Prius-Liegenschaften AG aufgenommen, aber die führt zu einer Briefkastenfirma in Zug. Es gibt wohl eine Mailadresse und ein Telefon, aber das Telefon nimmt niemand ab und ich bin fast sicher, dass Mails auch nicht beantwortet werden. Nach einem Blick ins Grundbuch konnte ich feststellen, dass das Haus an der Scheuchzerstrasse einem Magnus Konsortium, ebenfalls mit Sitz in Zug, gehört. Auch dieses Konsortium hat ein Telefon und eine Mailadresse, aber Kontrollen im Grundbuch ergaben, dass das Magnus Konsortium mehrere Liegenschaften im Kanton Zürich besitzt. Die Magnus AG ist auch im Handelsregister eingetragen. In der Geschäftsleitung sitzen zwei Anwälte und ein Mann mit russischem Namen. Verwaltungsratspräsident ist ein gewisser Dr. Zorbas. Ich werde diese Anwälte und diesen Dr. Zorbas noch befragen, sofern sie auffindbar sind, aber erfahrungsgemäss wird das nicht allzu viel bringen. Solche Konsortiums-Konstruktionen, sind in der Regel legal oder sicher mal legal gemacht. Alles, was auffällt, und uns auch etwas hilft, ist, dass wir es mit einer russischen Beteiligung zu tun haben. Soll ich noch weiter recherchieren?»

«Mal schauen», antwortete Fried, wir haben eigentlich prioritär mehr anderes zu tun. Durch den Ukrainekrieg wird russisches Eigentum auch in der Schweiz bald unter Druck kommen. Sie können einen Hinweis mit allen Unterlagen an die Abteilung für Wirtschaftskriminalität und dem Bundesnachrichtendienst, dem NDB, weiterleiten. Wenn wir da selbst noch mehr graben, werden wir diese Frau Krasnapolski auch nicht finden.»

Das Gespräch zwischen Fried und Sobic wurde vom Klingeln eines Telefons unterbrochen. Fried nahm ab und ein wie immer fast unangemessen fröhlicher Krauthammer teilte ihm mit, dass er die Obduktion nun beendet habe und dass das verliebte «Staatsanwaltsmaderl» nun gerne zu ihm kommen könne, um ihren Ex-Lover zu identifizieren. «Gut», antwortete Fried, «es wird vielleicht noch etwas dauern, bis sie kommt. Zurzeit ist sie wegen der Todesnachricht von Milosz noch sehr angeschlagen.»

Nach einer Stunde hatte sich Helene Dupont wieder so weit erholt, dass sie mit Sobic mitgehen konnte. Das Institut für Rechtsmedizin befand sich an der Winterthurerstrasse, somit fast am anderen Ende der Stadt. Nach zwei Stunden rief Sobic Fried an und teilte ihm mit, dass Helene Dupont den Mann, der sich Jan Milosz genannt hatte, identifiziert habe. Er habe keine anderen Schriften auf seiner Brust gehabt ausser einer Zeichnung, eine Art Signet, dessen Bedeutung er ihr nicht erklärt hatte, wie im Übrigen das «Z» und den Schriftzug «Putin» auch nicht. Helene Dupont habe gemeint, dass heute doch fast alle Männer irgendwie tätowiert seien. «Heilige Einfalt», entfuhr es Fried, «aber doch nicht mit Kriegszeichen und Diktatorennamen. Wie kann eine studierte Juristin, erst noch Staatsanwältin nur so ungebildet und undifferenziert sein?»

«Amantes, amentes», das haben Sie doch gesagt», antwortete Sobic. Mit Ihnen lerne ich noch lateinisch. Ich bringe Helene Dupont jetzt in den Notfall des Universitätsspitals, die Frau ist völlig durch den Wind, einem Nervenzusammenbruch nahe – ich habe echt Bedauern mit ihr.

Kapitel 42 Mirjam

Am Sonntagnachmittag, nach einem hervorragenden Mittagessen, das Peter Fried tags zuvor vorbeigebracht hatte, sass Mirjam wieder am Bett ihrer Mutter. Sie hatte den ersten Mittagsdienst. Wie immer sprach sie mit ihrer Mutter, so wie sie es alle abgemacht hatten. Es war zwar seltsam, mit jemandem zu sprechen, der still und offensichtlich bewusstlos da lag, aber für den Fall, dass sie es verstehen würde … Das hatte Mirjam eingeleuchtet. Jedes Mal überlegte sie sich auf dem Weg ins Unispital, was sie ihrer Mutter erzählen könnte. Heute war es weniger schwierig:

«Mama», sagte sie, «wir hatten ein wunderbares Mittagessen und weisst du, wer es gebracht hat? Dein Kollege Staatsanwalt Fried. Er hat eine italienische Frau, die super kochen kann, und er hatte Papa angeboten, uns einen Sonntagslunch vorbeizubringen. Sie scheint allerdings bisher für ein Restaurant mit hundert Personen gekocht zu haben. Herr Fried hat so viel vorbeigebracht, dass wir noch zwei Wochen davon essen können. Das ist sehr lieb von ihm und seiner Frau. Überhaupt denken die Leute an dich und dadurch auch an uns. Du bist eine viel respektierte und beliebte Frau. Das wusste ich zwar schon vorher, nur jetzt ist es mir noch viel deutlicher bewusst geworden. Was kann ich dir sonst noch erzählen? Meine Bachelorarbeit ruht zurzeit etwas. Schon das ist ein Grund, warum du unbedingt zurückkommen musst. Ich kann nicht ruhig arbeiten ohne dich, auch wenn du dabei nie neben mir gestanden bist. Wir brauchen dich eben, vergiss das nicht! Deine Abwesenheit erscheint übergross und damit auch die Angst, dass du es vielleicht nicht schaffst. Komisch, darüber reden wir nie, das scheint es einfach nicht geben zu dürfen. Doch ich sehe ja, dass du, die du so still daliegst, wahrscheinlich einen schweren Kampf führst. Sagt man dem Kampf Lebenskampf, Kampf fürs Leben, oder sagt man dem Kampf Todeskampf, Kampf gegen den Tod – oder mit dem Tod? Ich weiss es nicht. Persönlich gefällt mir die Vorstellung besser, für etwas zu kämpfen, für das Leben, für dein Leben.

Zurzeit steht das Leben bei uns still. Heute war es das erste Mal seit langem, dass wir wieder zusammen an einem Tisch gegessen und geredet haben, dank Staatsanwalt Fried. Dein leerer Stuhl scheint uns anzuspringen. Dennoch haben wir versucht, uns auszutauschen, unsere Hoffnungen und Ängste darzulegen. Oma ist unglaublich stark, erstaunlich, nach allem, was sie in diesem Jahr alles schon erlebt hat. Papa, ach Papa, er macht mir Sorgen. Oft sitzt er nur mit leeren Augen da. Er ist nicht derselbe ohne dich. Somit müssen wir Töchter uns nicht nur um dich sorgen, sondern auch um Papa. Er ist dünn geworden, nur schon in dieser kurzen Zeit. Nochmals ein Grund für dich zurückzukommen, bitte.

Dein Arzt, Professor Münster, hat Papa erzählt, dass er in den nächsten Tagen daran denke, die Mittel, die dich im Schlafkoma halten, zurückzufahren. Dann besteht die Möglichkeit, dass du langsam aufwachst. Wir alle sehnen uns nach diesem Augenblick und fürchten ihn gleichzeitig: Wer wird dann bei dir sein? Wenn du so still daliegst, fällt mir immer wieder auf, was für ein schönes Gesicht du hast, völlig glatt für eine Frau von über fünfzig, total entspannt und ohne Falten, aber leider auch ohne Mimik. Ich sehne mich nach deinem Lachen, deinen Erklärungen, und sorry, auch nach deinem ‹Besserwissen› und deinen Belehrungen.

Auch wenn du immer viel gearbeitet hast – jedenfalls nachdem auch ich als jüngeres Kind in die Schule gekommen war, und du dadurch viel von zu Hause weg warst – warst du eine wunderbare Mutter. Wer hätte sich eine spannendere Mutter wünschen können, mit spannenderen Geschichten? Als wir grösser wurden, gingst du immer einmal pro Woche mit uns essen, zusammen oder mit einer von uns. Diese Tradition, die du eigentlich bis heute beibehalten hast, fehlt uns nun schmerzhaft, auch wenn es in den letzten Monaten schwierig geworden war, weil Schwindel und Müdigkeit dich oft davon abhielten, in die Stadt zu fahren. Scheiss Long Covid! Aber damit konnten wir leben, mit deinem derzeitigen Zustand nicht.

Die Frage, ob und wie du zurückkommst, beschäftigt uns alle. Mir ist schon bewusst, dass du nicht plötzlich wach wirst, aus dem Bett springst und uns alle freudig begrüsst: Es wird eine schwierige Übergangszeit geben und es ist noch nicht klar, was du alles wieder lernen musst. Professor Münster hat uns erklärt, dass wir mit einer längeren Rehabilitation rechnen müssen. Im Moment denke ich nicht daran – wichtig ist, dass du überhaupt wieder wach wirst.

Die schlimmste Vorstellung für mich, und ich denke für uns alle, ist, dass du, wie der ehemalige Rennfahrer Michael Schumacher, in ein Wachkoma fällst – dass du dann da bist und doch nicht da bist. Schrecklich, diese Vorstellung!

Heute Abend wollte ich eigentlich mit Sven ins Kino gehen. Papa drängt mich, es zu tun. Wir müssten uns ablenken, meint er, aber das gilt wohl auch für ihn. Ich habe ihn gefragt, ob er nicht mitkommen wolle: Erst der Film und dann ein Nightcap, bevor wir wieder nach Hause fahren. Ich denke nicht, dass wir ihn dazu bringen werden, aber morgen – ich habe ja morgen die Abendschicht – werde ich dir erzählen, wie der Film gewesen ist. Jetzt werde ich dir wieder etwas vorlesen. Ich kann ja nicht die ganze Zeit so vor mich hinreden, aber lesen geht gut. Im Rollenkurs von Psychologie 2 haben sie gefunden, dass ich eine Theaterstimme habe. Nun, vielleicht wollten sie nur nett sein, weil sie wissen, dass es mir zurzeit nicht gut geht, aber ich glaube, dass ich durchaus gut vorlesen und, wie sich gezeigt hat, auch gut Theater spielen kann. Ich mag die Rollenspiele in diesem Kurs, sie hauchen der Theorie etwas Leben ein. Als wir klein waren, hast du uns auch oft vorgelesen oder Geschichten erzählt. Du konntest wunderbar erzählen und das ist wohl auch ein Vorteil deines Anwaltsberufes. In einem Plädoyer wirst du wahrscheinlich auch so eine Art Geschichte erzählen und du hast einmal gesagt, dir sei wichtig, dass ein Plädoyer oder eine Rechtsschrift auch einen gewissen Unterhaltungswert hat, damit die Richter nicht einschlafen. Du siehst, ich habe viel von dir gelernt.

So, jetzt gehe ich noch rasch in der Cafeteria einen Kaffee trinken, dir kann ich ja keinen mitbringen, ich kann ihn dir ja nicht in die Magensonde spritzen. Danach wird Sandra bald auftauchen.»

Kapitel 43 Sandra

Mirjam und Sandra haben sich sozusagen die Türe in die Hand gegeben. Sandra hängt ihre Jacke auf und küsst ihre Mutter auf die Stirn, so wie sie es jedes Mal tut. In den letzten zwei Wochen hat sich eine ganz besondere Routine ergeben, die Wachablösung am Bett von Anna funktioniert bestens. Keiner aus der Familie beklagte sich, wenn's mal länger dauerte. Sie alle sind total motiviert. Sandra war schon nahe am medizinischen Staatsexamen. Sie hat die Prüfung jetzt allerdings etwas nach hinten verschoben. Die Fakultät hatte Verständnis für ihre besondere Situation. Mit diesen Sorgen kann sie nicht lernen. Das könnte wohl niemand.

«Mama», fängt sie an, «sicher hat dir Mirjam schon erzählt, dass wir heute ganz wunderprächtig gegessen haben. Erstaunlich, dass wir alle noch so einen Appetit entwickeln können, aber die Frau deines Staatsanwaltes Fried ist wirklich eine tolle Köchin. Sie muss in den letzten Tagen pausenlos in der Küche gestanden haben – jedenfalls haben wir Riesenmengen Essen zu Hause.

Ich habe Ken gebeten, seine Reise nach Europa zu verschieben. Ich hätte zurzeit keinen Kopf und keine Kapazität, Zeit mit ihm zu verbringen. So ganz will er es nicht verstehen, ist, glaube ich, auch etwas verletzt, aber dann ist er das eben.

Dummerweise habe ich in den letzten Tagen sehr viel über Schädelhirntrauma und Hirnödem gelesen. Wohl hatte ich aus dem Studium schon einiges gewusst, aber jetzt weiss ich viel mehr. Jetzt weiss ich eigentlich schon fast zu viel und so besehen war es nicht wirklich ein Vorteil, das zu tun. Man sieht natürlich alle möglichen problematischen Verläufe vor sich. Professor Münster hat Papa erzählt, dass er daran denkt, in den nächsten Tagen die Narkotika zurückzufahren. Das bedeutet, dass du bald schon aufwachen könntest. Es bedeutet allerdings nicht, dass du auch aufwachen wirst. Wir müssen Geduld haben und abwarten. Aber Geduld ist nicht wirklich eine Familienstärke, deine ist es ja auch nicht. Wir alle wollen dich zurück, so schnell und so fit und so glücklich wie möglich. Und doch wissen wir alle, dass das nicht so einfach ist. Mirjams grösster Horror ist, dass du in eine Art Wachkoma fallen könntest. Sie hat dummerweise gelesen, dass es in England eine Frau gibt, die seit fast zwanzig Jahren im Wachkoma liegt. Nun, ich glaube das nicht. Sicher nicht für so lange. Gestern habe ich zusammen mit Papa in deinen Unterlagen nach einer Patientenverfügung gesucht. Ich war mir sicher, dass du eine hast – für etwas bist du ja schliesslich Anwältin. Im Safe haben wir dann die Patientenverfügung gefunden, deine, die von Papa und die von Oma. Sie tragen alle deine Handschrift und sind – von den Namen mal abgesehen – identisch. Ich bin mittlerweile der Ansicht, dass diese Patientenverfügungen nur bedingt hilfreich sind. Lebensverlängernde Massnahmen sollen nur ergriffen werden, wenn die Chance besteht, in ein normales Leben mit Lebensqualität zurückzukehren. Doch was heisst das? Die Ärzte können und wollen auch keine Prognosen abgeben, schon wegen möglicher Haftungsansprüche nicht. Eine lebensverlängernde Massnahme ist ja auch die Magensonde, wir mussten uns also früh für eine Lebensverlängerung entscheiden, mit oder ohne Patientenverfügung. Die Hoffnung stirbt zuletzt und die Chancen sind noch gar nicht mal so schlecht, dass du zurückkehrst und irgendwann wieder die sein wirst, die wir kennen und lieben.

Nach mir wird Oma kommen. Sie hat eine unglaubliche Energie entwickelt. Wir haben sie im Grunde genommen neu kennengelernt. Ich gehe dann anschliessend wieder nach Hause, um bei Papa zu sein. Mirjam und ich sind der Meinung, dass er uns jetzt auch sehr braucht. Wir wollen ihn auch möglichst wenig allein lassen. Mirjam hat ihn gefragt, ob er heute Abend mit uns ins Kino kommen möchte, aber das können wir wohl vergessen mit der Energielosigkeit, die er an den Tag legt. Ich werde versuchen, ihn wieder zu irgendeiner Diskussion zu provozieren, einfach, damit seine Lebens- und anderen Geister aktiviert werden. Es ist momentan ja nicht schwierig, bei der Welt, in der wir leben, spannende Themen zu finden. Aber man muss ihn zurzeit schon sehr motivieren, oder eben, gar provozieren.» Sandra nimmt Annas Hand, die dünn und weiss auf der Bettdecke liegt. Sie drückt sie, immer in der Hoffnung, dass irgendwann ein Gegendruck zurückkommt, ein Zeichen von Leben, ein Zeichen von Kraft.

Kapitel 44 Sonja Berger

Seit einer Stunde nun sass Sonja Berger am Bett ihrer bewusstlosen Tochter. Sie strich ihr immer wieder zart über die Wange, massierte die kühlen Hände ihrer Tochter mit ihren warmen Händen und versuchte, ihr irgendwie Kraft einzugeben. «Anna», begann Sonja Berger mit trauriger Stimme zu sprechen, «du bist mein einziges Kind, keine Mutter will ihr Kind verlieren und schon gar nicht ihr einziges Kind. Zwar, und das habe ich dir nie erzählt, hättest du nicht das einzige Kind bleiben sollen. Ich hätte gerne noch mehr Kinder gehabt, aber dein Vater, ja, dein Vater war schon ein spezieller Mann. Um noch mehr Kinder zu zeugen, muss ein Mann hin und wieder zu Hause sein und sich für Liebe und Nähe interessieren. Dein Vater interessierte sich für vieles, aber dafür nicht. So besehen ist es ein Hohn, dass wir in der Zürcher Gesellschaft als ideales Paar galten.

Als ich ihn kennenlernte, war dein Vater das gewesen, was man ‹eine gute Partie› nannte. Ein junger, ehrgeiziger, gutaussehender Anwalt aus gutem Zürcher Hause. Meine Eltern kamen aus der gleichen Gesellschaftsschicht und so war unsere Hochzeit für beide Seiten eine wunderbare Fügung. Als du schliesslich kamst, war das Glück perfekt. Mein Glück jedenfalls. Dein Vater interessierte sich wenig für Mutter und Kind. Nicht, dass er ein böser Mann gewesen wäre, das gar nicht, aber mal sicher kein an der Familie interessierter. Ich weiss nicht, wie viel Zeit seines Lebens er an den Lions Club und an seine Zunft gegeben hat, sicher mehr als an seine Familie. Ich war für ihn vor allem Gesellschaftsdame und Mutter. Letzteres war ich gern, aber eben Mutter von nur einem Kind. Er begann sich erst richtig für dich zu interessieren, als du zu studieren anfingst. Dass seine Tochter auch Anwältin werden wollte, flattierte ihm und auf deine späteren Erfolge ist er sehr stolz gewesen.

Nicht besonders glücklich war er – im Gegensatz zu mir – mit der Wahl deines Ehemannes. Flavio kam aus einer anderen Gesellschaftsschicht, erst noch Tessiner, hatte zudem einen anderen Beruf, interessierte sich nicht für Zünfte und auch nicht für den Lions. Wenn er schon keinen Sohn hatte, was im Übrigen ganz seine Schuld war, dann wollte er wenigstens einen Schwiegersohn als Nachfolger in der Zunft. Du weisst das sicher noch: Anstandshalber ging Flavio einmal mit ihm an ein Zunftessen – und hatte für immer genug. Mich hat das amüsiert, aber deinen Vater natürlich nicht. Selbst finde ich Flavio den besten aller Ehemänner. Wie gerne hätte ich einen solchen gehabt, einen liebevollen Ehemann und Vater, einen klugen Diskussionspartner und dann ist er erst noch ein grossartiger Koch. Mit der Zeit fand dein Vater Flavio ja auch ganz nett, aber dabei blieb es. Es ist erstaunlich, welche Schwerpunkte er in seinem Leben setzte. Dein Vater und ich entfremdeten uns immer mehr. Proforma kam dein Vater noch an Familiengeburtstage und Weihnachtsfeste, aber er war nie wirklich mit dem Herzen dabei.

Du hast mir mit deiner Familie und meinen Enkelinnen eine grosse Freude gemacht. Ihr alle habt mein Leben enorm bereichert und ich kann mir eigentlich ein Leben ohne dich gar nicht vorstellen. Dennoch versuche ich mich dahingehend zu beruhigen, dass, solltest du es nicht schaffen, ich ja immer noch deine Familie habe und ich werde mich ihr, das verspreche ich dir, die restliche mir noch verbleibende Zeit widmen. Sandra und Mirjam stellen immer wieder erstaunt fest, wie schnell ich mich von meinem Oberschenkelhalsbruch und meiner Depression von Anfang Jahr erholt habe. Doch die Antwort ist einfach: Das Gefühl, gebraucht zu werden, und das hatte mir in den letzten Jahren oft gefehlt, gab mir eine unerwartete Kraft zurück.

Was für belastende Themen. Zu Hause machen sie es wirklich gut, alle. Sandra und Mirjam kümmern sich rührend um Flavio, der nun wirklich etwas angeschlagen ist – wie auch nicht? Also, mein Mädchen, wir brauchen dich alle. Du hast doch nur ein Leben Es wiederholt sich nicht und kommt auch nicht mehr zurück: Kämpfe, kämpfe!» Und sie drückte Anna wieder die schmale weisse Hand.

Kapitel 45 Professor Münster instruiert

Flavio hatte zum angekündigten Informationsgespräch mit Professor Münster auch seine beiden Töchter mitgenommen. Gespannt sassen die drei nun in dessen Besprechungszimmer und warteten auf seine Erklärungen.

«Wir», hob Professor Münster an», «die behandelnden Ärzte, haben beschlossen, Ihre Ehefrau und Mutter aus dem Koma zu holen. Ihre Vitalparameter sind vielversprechend und erlauben das. Nach der letzten Untersuchung haben wir festgestellt, dass die Schwellung im Gehirn völlig zurückgegangen ist. Das gibt uns Zuversicht. Wir werden also die Betäubungsmittel zurückfahren, das heisst, Frau Berger könnte in den nächsten Tagen langsam aufwachen.

Wir wissen nie, wie ein Komapatient aufwacht, das ist ganz verschieden. Sie dürfen nicht zu viel erwarten. Sie wird Ihnen nicht sofort fröhlich um den Hals fallen, sie wird möglicherweise überhaupt nicht sprechen, sie wird sie vielleicht vorerst noch nicht mal erkennen. Und: Sie wird viel Zeit benötigen, bis sie ganz zu sich gekommen ist und danach wird eine lange Zeit der Reha erfolgen, in der sie wieder sprechen, essen, selbständig auf die Toilette gehen, ja, alle alltäglichen Verrichtungen neu lernen muss. Auch eine physiotherapeutische Reaktivierung wird notwendig sein, weil in den Wochen des Komas Muskelmasse abgebaut worden ist. Mit Geduld und Ihrer Unterstützung werden gute Fortschritte möglich sein, glaube ich jedenfalls – in Ihrem Fall ohnehin. Sie haben sich in den letzten Wochen als eindrücklich unterstützende Familie bewiesen. Das ist für Frau Berger die beste Ausgangslage.

Wappnen Sie sich also mit Geduld und Verständnis, machen Sie weiter wie bisher: Seien Sie bei ihr, reden Sie mit ihr, auch wenn sie nicht antwortet; sie wird noch nicht sprechen, wenn sie aufwacht, weil sie auch noch beatmet wird. Erklären Sie ihr trotzdem regelmässig, wo sie ist, welcher Tag es ist und wann der Tag zu Ende geht. Das hilft gegen das sogenannte Delirium. Ein Delirium ist der Zustand, in dem sich Realität und Einbildung vermischen. Nicht zu wissen, wo man ist, was stimmt und was nicht, macht Angst.

Die Patientin wird möglicherweise längere Zeit desorientiert sein. Auch hier gibt es Unterschiede und vergessen Sie nicht, es ist ein Wunder, dass sie überhaupt noch lebt und es ist noch das grössere Wunder, wenn sie aufwacht. Auch damit müssen wir rechnen, dass sie möglicherweise nicht, oder vorerst nicht, aufwacht. Lassen Sie sie Ihre allfällige Bestürzung, Trauer und Verzweiflung nicht spüren. Eben: Wir wissen nicht genau, was ein Komapatient im Koma – und unmittelbar danach – wirklich wahrnimmt. Die letzten vier Wochen werden Frau Berger für immer fehlen. Sie werden ihr während der Reha erzählen müssen, was genau in der Zeit ihres Komas geschehen ist.

Wir alle hier werden sie begleiten, jetzt und sobald sie Aufwachzeichen zeigt. Es ist wichtig, dass sie zuerst bekannte und glückliche Gesichter sieht, auch wenn es Ihnen schwerfallen sollte, ein glückliches Gesicht zu machen. Also nochmals: Machen Sie einfach weiter wie bisher.»

Sie sassen alle schweigend da, bis Flavio sich schliesslich aufraffte und sich bei Professor Münster bedankte. «Wir werden wie bisher alles tun, was es braucht», versprach er. Auch Sandra und Mirjam verabschiedeten sich von Professor Münster. Auf dem Gang trafen sie auf Pfarrer Melchior, den Spitalpfarrer. Der grüsste sie nicht nur, sondern stürzte sich schon fast auf die Familie und bemerkte in freudigem Ton: «Ich habe gehört, dass man beschlossen hat, Ihre Frau und Mutter aus dem Koma zu holen. Denken Sie daran, ich bin für Sie da, wenn Sie mich brauchen. Denken Sie auch daran, dass auch Jesus auferstanden ist. Vor seinem Grab lag ein tonnenschwerer Stein und dieser Stein werden Sie nun auch helfen, wegzuschieben. Für ihre Frau wird es eine Art Wiedergeburt sein, wie für Jesus. Flavio verkniff sich einen giftigen Spruch, dankte nur kurz und ging mit seinen Töchtern weiter. Doch dann hielt er abrupt inne, drehte sich um und fragte Pfarrer Melchior: «Sagen Sie, Herr Melchior, kennen Sie Ihren Kollegen Huldrych Morger?» «Aber ja, natürlich, der liebe Huldrych, wie schön, kennen Sie ihn auch – oder kennt ihn Frau Berger Conti? Soll ich ihn informieren oder grüssen oder gar etwas ausrichten?», antwortete der unwissende Melchior überfreundlich. Flavio bereute seine Frage sofort. «Nein, nein, tun Sie nichts dergleichen, wegen eines Arschlochs wie Morger ist meine Frau aus der Kirche ausgetreten.» Sprach's und liess Pfarrer Melchior perplex stehen.»

«Aber Papa», bemerkte Mirjam, «der arme Pfarrer Melchior kann doch nichts für das Verhalten von Pfarrer Morger!» «Stimmt, aber irgendwie musste ich das loswerden gegen den ‹lieben Huldrych›. Sollen die Pfarrer ruhig über ihn reden. Und das werden sie, glaub mir.»

Sandra bemerkte nun etwas entrüstet: «Koma und Tod ist nicht das gleiche. Jesus war in einem Grab und Mama liegt in einem Bett und ich sehe da keine Steine zum Wegschieben. Zudem wollen wir ja gerade nicht, dass sie in den Himmel aufsteigt.»

«Du musst das alles symbolisch verstehen Schwesterchen und den Pfarrer nicht so ernst nehmen – er hat es gut gemeint», bemerkte Mirjam.

‹Ja eben», meinte Flavio und wiederholte den Satz, den er schon einmal gesagt hatte: «Gegen Gutgemeintes kann man sich schlecht wehren.» Sie begaben sich ans Bett von Anna und eine weitere qualvolle Wartezeit begann.

Am Abend rief Flavio Verwandte, Freunde und nahe Bekannte an und teilte ihnen mit, dass Anna vielleicht in den nächsten Tagen aus dem Koma aufwachen werde. Sicher sei das noch nicht, aber das seien die neuesten Prognosen. Man könne sie auch in näherer Zukunft nicht besuchen, denn das sei eine zu delikate Phase. Flavios Mutter teilte ihm sofort mit, dass sie jetzt in die Kirche gehen und eine Kerze anzünden werde. ‹Schon wieder Religion›, dachte Flavio daraufhin, ‹aber schaden kann es ja nicht.› «Tu das, Mama», sagte er und er dachte: ‹dann tut sie nichts Dümmeres – vorbeikommen zum Beispiel.› Flavios Vater kam ans Telefon und teilte seinem Sohn mit. «Deine Mutter hat schon den ganzen Opferkerzenbestand der hiesigen Kirchen angezündet.» ‹Ach nein›, dachte Flavio, und war trotzdem irgendwie gerührt: «Schau, dass sie nicht gleich eine ganze Kirche anzündet. Es ist allerdings schon nach acht Uhr, ich denke, sie muss die Kerzen morgen anzünden – es gilt sicher auch dann noch.»

Als Vater und Töchter nach Hause gekommen waren, fanden sie einen gedeckten Tisch vor. Sonja Berger war tätig gewesen, hatte wieder ein paar eingefrorene Portionen von den Kochkünsten von Frieds Frau aufgewärmt, von denen sie schon einige Zeit assen. Sie würden Anna viel zu erzählen haben, dachte sie. Als sie die neuesten Nachrichten über Anna hörte, war sie glücklich und wagte, vorsichtig zu hoffen. Das war ein wichtiger Schritt, ein weiterer Schritt zurück ins Leben.

Kapitel 46 Frühstücksgespräch mit Galgenhumor

Zwei Tage nach dem Gespräch mit Professor Münster sass Flavio mit seinen beiden Töchtern am Frühstückstisch. Das Gespräch mit Professor Münster hatte ihnen doch Hoffnung gemacht und diese zeigte bereits Wirkung. Sie plauderten viel entspannter, auch über das voraussichtliche Aufwachen von Anna. «Wie wird es wohl sein?», fragte Mirjam. «Das können wir nicht voraussehen, wie Professor Münster gesagt hat», antwortete Flavio. «Haben wir abgemacht, dass ich heute als erster gehe?» «Ja», antwortete Sandra, «du wirst die arme Oma ablösen müssen, die die halbe Nacht bei ihr war. Offenbar ist sie aber heute Nacht noch nicht aufgewacht, sonst hätte Oma bestimmt angerufen.»
«Weisst du was, Papa?», fragte Mirjam, «ich werde die erste Stunde mitkommen. Ich bin zwar erst ab Mittag dran, aber du wirst jede Hilfe brauchen, um den Stein vor Mamas Bewusstsein wegzuschieben.» Alle drei lachten los, prusteten geradezu. Ein befreiendes Lachen, wie sie es in den letzten fünf Wochen nie mehr erlebt hatten. Aller Schmerz, alle Spannung schien sich in diesem Lachen auszudrücken. Sie konnten sich kaum mehr einkriegen und einfach nicht aufhören. Mirjam war tatsächlich der Schalk der Familie. Nachdem sie sich alle wieder einigermassen vom Lachen erholt hatten, antwortete Flavio: «Ja, ich denke, ich kann jede Hilfe gebrauchen, auch meine

Muskeln haben sich in der Zeit von Mamas Koma abgebaut.» Sie lachten wieder los, aber diesmal waren sie fast zu erschöpft, um noch länger zu lachen. Galgenhumor hat etwas Befreiendes.

Gegen acht Uhr morgens setzten sich Flavio und Mirjam wieder ans Bett von Anna. Die Nacht sei ruhig verlaufen, hatte ihnen Annas Mutter mitgeteilt. Vorläufig seien noch keine Anzeichen von einem Aufwachen erkennbar. Sie setzten sich hin und begannen wie jedes Mal, zu erzählen. Sie erzählten der schlafenden Anna sogar, dass sie am Morgen das erste Mal seit langem wieder gelacht hätten – und wie sie gelacht hätten. Sie erzählten ihr die Geschichte von Pfarrer Melchior und dem Stein vor dem Grab von Jesus, von der Wiederauferstehung. Mirjam erzählte Anna wie jedes Mal von ihren Plänen und was sie so in den nächsten Tagen vorhatte, neben den Besuchen an ihrem Krankenbett. Gegen neun verabschiedete sie sich von Flavio und gab ihrer Mutter einen Kuss auf die Stirn. «Ich komme heute Nachmittag wieder, Mama», sagte sie, «abends wird Sandra übernehmen.»

«Deine, unsere Mädchen sind eine wunderbare Stütze in dieser so schwierigen Zeit für mich. Es scheint, dass wir sie wirklich zu verantwortungsvollen Frauen erzogen haben.» Dann schaute er Anna ruhig an. Plötzlich kam er auf die Idee, dass in den Märchen die Prinzessinnen wach geküsst wurden. Wo war denn das gewesen, Schneewittchen durch den Prinzen? Dornröschen durch einen anderen Prinzen? Warum sollte er nicht einmal Prinz spielen? Er bückte sich, versuchte durch die Kabel an Anna heranzukommen und gab ihr einen langen Kuss. Er setzte sich wieder hoch. «Dieser Kuss müsste eigentlich Tote zum Leben erwecken, Anna. Finde ich jedenfalls.» Er wunderte sich ein wenig, denn er war heute wirklich wesentlich besser drauf als all die Tage und Wochen zuvor. Was so ein herzliches morgendliches Lachen bewirkte. Liebevoll schaute er auf das stille Antlitz seiner Ehefrau und drückte ihre Hand. Er zuckte zusammen. Hatte er da einen Gegendruck verspürt? Nein, das konnte nicht sein, den hatte er sich wohl lediglich gewünscht. Er schaute sie gespannt an. Flatterten da nicht die Augenlider? Flavio rieb sich die Augen: War da nicht vielmehr der Wunsch der Vater des Gedankens? Warum sollte sie gerade jetzt aufwachen, wo er allein bei ihr sass. Doch, irgendetwas war anders. Da tat sich was. Er sprang auf und wollte Professor Münster holen. Draussen auf dem Gang traf er die Pflegestationschefin Barbara. Aufgeregt teilte er mit, dass er Veränderungen wahrgenommen habe und dass er glaube, dass seine Frau am Aufwachen sei. Barbara sah ihn erfreut an und ging mit ihm ins Krankenzimmer zurück. Sie untersuchte alle Anschlüsse der Monitore, alles schien in Ordnung. Dann schaute sie Anna an. «Frau Berger, kommen Sie zu sich? Hören Sie mich?» Und dann nochmal lauter: «Hören Sie ich mich Frau Berger!»

Auch Flavio fing an, Anna zu rufen. «Anna, komm, werde wach! Deine Augenlider flattern und geben uns ein Zeichen. Auch der Druck deiner Hand zeigt, dass du zu uns kommen willst. Komm zu mir. Du schläfst schon seit vier Wochen und du bist hier in der Intensivstation des Universitätsspitals. Es ist halb zehn Uhr morgens. Mirjam ist gerade gegangen und hat deine ersten Aufwachzeichen verpasst. Die Hauptpflegerin Barbara holt jetzt Professor Münster. Doch das wird wohl noch etwas dauern, bis er da ist. Aber auch ohne ihn, kannst du es weiter versuchen, komm zu mir. Wach auf Anna! Anna?»

Kapitel 47 Im Dunkeln ein Licht

Noch immer Dunkelheit. Doch am Ende des Dunkels ein kleines Licht. Anna nimmt es kaum wahr. Sie atmet ruhig mit ihrem Beatmungsgerät. Das Denken hat noch nicht eingesetzt, wohl aber das Hören. Sie hört Stimmen und erst jetzt beginnt sie zu denken, sehr langsam und verschwommen. Wo ist sie? Sie erkennt eine der Stimmen. Die klingt vertraut und zärtlich durch ihr noch immer getrübtes Bewusstsein. Ganz leicht bewegt sie den Kopf in Richtung der geliebten Stimme.

Und die andere Stimme, hat sie die schon einmal gehört? Sie weiss es nicht. Sie ist so unendlich müde, sie möchte wieder schlafen, nur schlafen. Doch die Stimmen lassen sie nicht. Sind fordernd: «Anna», sagte die vertraute eine Stimme immer wieder, «Anna, wach auf, Anna». Dann die andere Stimme: «Frau Berger, Sie sind am Aufwachen. Sie sind bei uns im Universitätsspital Zürich. All Ihre Werte sind gut. Sie können jetzt wirklich aufwachen, wenn Sie wollen.»

Und dann wieder die andere Stimme: «Anna?» Anna wird etwas unruhig und versucht mit grosser Mühe, die Augen zu öffnen. Dahinter ist blendendes Licht. Sie schliesst die Augen gleich wieder, erträgt das Licht nicht, möchte weiterschlafen, schlafen, nur schlafen. «Anna, mach doch die Augen ganz auf!» Anna fühlt sich gestört. Wem gehören die Stimmen? Wo ist sie? Sie versucht nochmals, die Augen zu öffnen – und diesmal gelingt es. Licht, ungewohntes Licht. Und in diesem Licht sieht sie ungenaue Umrisse von – ja, von was denn? Wieder schliesst sie die Augen. Ihr Mund deutet ein Lächeln an. Sie ist so müde.

Professor Münster klopft Flavio auf die Schultern. «Sie ist am Aufwachen, gratuliere Herr Conti, das ist der erste wichtige grosse Schritt in ein neues Leben. Und haben Sie es gesehen: Sie wird mit einem Lächeln auf den Lippen wach. So schön, das habe ich so bei Komapatienten noch nie gesehen. Doch jetzt müssen wir sie wieder ruhen lassen, nur keine Aufregung. Es kommt gut.»

Epilog

Peter Fried war guter Dinge. Soeben hatte er vernommen, dass Anna Berger Conti aus dem Koma aufgewacht war. Es würde zwar noch lange dauern, bis sie wieder wirklich wach war, und noch länger, bis sie wieder dieselbe war wie vorher. Letzteres musste man einfach hoffen. Aber der Anfang war gemacht, wie ihm ein völlig emotionaler Flavio am Telefon mitgeteilt hatte. Peter Fried freute sich. Der Weg, das wusste er, würde für die Familie Conti noch lang werden.

Peter Fried beugte sich wieder über seine Akten. Ein Fall von fahrlässiger Tötung mit Todesfolge. Schon wieder so ein schwieriger und belastender Fall, doch das war nun mal sein Beruf, den er, und das wurde ihm immer bewusster, nicht mehr so lange ausführen wollte.

Für heute jedenfalls hatte er genug. Es war bereits 18 Uhr und er beschloss, früher Feierabend zu machen. Es war bald Weihnachten und die Weihnachtsferien standen bevor. Festtagspikettdienst für seine Abteilung hatte ein anderer Staatsanwalt. Gut so. Er griff seinen Mantel, schlüpfte hinein und begab sich zum Ausgang.

Vor der Eintrittsschleuse war eine heftige Diskussion im Gange. Er ging hin und fragte die dort diensthabende Beamtin: «Was ist denn los?»

«Ach, gut, dass Sie da sind Herr Staatsanwalt Fried. Diese Frau möchte unbedingt zu Ihnen, aber nach sechs Uhr geht das nicht mehr, das habe ich ihr gerade versucht beizubringen.

Sie will es nicht glauben.» Fried schaute die Frau an. Er kannte sie nicht. Eine Frau von Anfang fünfzig, elegant gekleidet, osteuropäische Züge und ein aggressives Glitzern in den braunen Mandelaugen. Sie wollte wirklich zu ihm. «Sie haben mich doch gesucht!», rief sie aus, «und jetzt bin ich da. Dann lassen Sie mich auch rein bitte und sagen mir, was Sie von mir wollen.» «Wer sind Sie denn?», fragte Fried verunsichert. «Mein Name ist Maria Krasnapolski.» Fried zuckte ungläubig zusammen. Die gab es also doch? Doch kein Phantom. «Ja, sind Sie denn die Schwester von Jan Milosz?» «Aber nein», antwortete die Frau irritiert, «ich bin seine Ehefrau.»

Personenregister

Christian Baumann, Dr., Chirurg
Anna Berger Conti, Anwältin und Verteidigerin
Sonja Berger, Mutter von Anna Berger Conti
Kurt Bösiger, Direktor der Klinik Oberland
Flavio Conti, Ehemann von Anna Berger Conti (Architekt)
Mirjam Conti, jüngere Tochter von Anna Berger Conti und Flavio Conti
Sandra Conti, ältere Tochter von Anna Berger Conti und Flavio Conti
Helene Dupont, Staatsanwältin
Peter Fried, leitender Staatsanwalt
Silvia Fritz, Direktorin der Seniorenresidenz Zürichsee
Theo Hansen, Dr., deutscher Kollege von Olga Simic
Branko Kapor, Ehemann von Olga Simic und ihr Mörder
Karialev, Vorgesetzter von Milosz
Ken, Freund von Sandra Conti
Kevin, Flavios Mitarbeiter
Max Krauthammer, Prof. Dr., Chefpathologe der Rechtsmedizin Zürich
Krasnapolski Maria, wer ist sie wirklich?
Alma Lada, Dr., Psychiaterin
Daniel Levi, Rechtsanwalt
Marco Levi, Arzt, Bruder von Daniel Levi
Maria Linard, Mutter eines ehemaligen Klienten
Jan Milosz, angeblicher Psychiater

Huldrych Morger, Pfarrer und Stalker
Eduard Münster, Prof. Dr., Oberarzt an der Universitätsklinik Zürich
Hans Pünter, Journalist bei ‹Zürich Heute›
Julia Rebsamen, Sekretärin von Daniel Levi
Astrid Rohrer, Sekretärin von Anna Berger Conti
Miroslav Simic, Vater von Olga Simic
Olga Simic, Ärztin und Femizid-Opfer von Ehemann Branko Kapor
Jan Sobic, Wachtmeister und Polizist
Gefreiter René Stamm, Polizist
Sven, Freund von Mirjam Conti
Horst Zeltner, Anwalt und Kollege in der Praxis von Anna Berger Conti